Elemente der Erziehungskunst

RUDOLF STEINER

Themen aus dem Gesamtwerk
Band 12

Das Werk Rudolf Steiners gründet sich methodisch und erkenntniswissenschaftlich auf die Darstellungen der grundlegenden Schriften. Diese bilden zusammen mit den übrigen Schriften und den Aufsatzbänden das geschriebene Werk von überschaubarem Umfang, rund 40 Bände. Daneben ist die Fülle der nachgeschriebenen Vorträge außerordentlich, in der Gesamtausgabe mehr als 250 Bände. Diese Vorträge waren alle frei gehalten und nicht zum Druck bestimmt. Ihre Herausgabe erfolgt nach von Rudolf Steiner nicht durchgesehenen Nachschriften. Sie enthalten jedoch den Ausbau und die Entfaltung der in den Schriften entwickelten Grundkonzeptionen nach den verschiedensten Richtungen und Lebensbereichen. Sie stellen in ihrer thematischen Mannigfaltigkeit auch heute noch eine nicht bewältigte Aufgabe dar. So ist das Motiv dieser Taschenbuchreihe: unter den in unserer Zeit aktuellen Gesichtspunkten den Zugang zu verschiedenen im Vortragswerk verstreuten und nicht zusammenhängend ausgearbeiteten Themenkomplexen zu eröffnen und damit zugleich den Ansatz der anthroposophischen Erkenntnismethode an bestimmten Problemkreisen zu verdeutlichen; die jeweilige Zusammenstellung von Vorträgen beansprucht dabei inhaltlich keine Vollständigkeit.

Rudolf Steiner

Elemente der Erziehungskunst

Menschenkundliche Grundlagen der Waldorfpädagogik

Vorträge, ausgewählt und herausgegeben von Karl Rittersbacher

Verlag Freies Geistesleben

CIP-Kurztitelaufnahme der Deutschen Bibliothek

Steiner, Rudolf:
Themen aus dem Gesamtwerk / Rudolf Steiner. –
Stuttgart: Verlag Freies Geistesleben

NE: Steiner, Rudolf: [Sammlung]

Bd. 12. Elemente der Erziehungskunst: menschenkundl.
Grundlagen d. Waldorfpädagogik; Vorträge / ausgew.
u. hrsg. von Karl Rittersbacher. – 1985.
ISBN 3-7725-0082-x

NE: Rittersbacher, Karl [Hrsg.]

Einbandgestaltung: Martin Diethelm

Gesamtherstellung: Clausen & Bosse, Leck

Inhalt

Vorwort

Nach dem Ende des Ersten Weltkriegs machte Rudolf Steiner den Versuch, mit konkreten Vorschlägen zu einer Neuordnung der gesellschaftlichen Verhältnisse in die politische Entwicklung einzugreifen. Ausgehend von einer Kritik am Parlamentarismus einerseits, andererseits von den Idealen der Französischen Revolution – Freiheit, Gleichheit, Brüderlichkeit – kam er zu der Anschauung, daß allein eine Dreigliederung des sozialen Organismus[1] langfristige positive Änderungen herbeiführen könne. Darunter verstand er die Ausformung eines den Gleichheitsgrundsatz wahrenden Rechtslebens, eines vom Dirigismus des Staates freien Geisteslebens und eines auf Brüderlichkeit ausgerichteten Wirtschaftslebens.

Diese Ideen, die unter anderem ein freies Schulwesen zum Ziel hatten, nahm Emil Molt, der damalige Direktor der Waldorf-Astoria Zigarettenfabrik in Stuttgart, zum Anlaß, Rudolf Steiner nach einer Schule für die Kinder seiner Arbeiter zu fragen. Dieser griff die Anregung auf, und es kam im September 1919 zur Eröffnung der ersten «Waldorfschule».

Unmittelbar voraus ging ein dreiteiliger Ausbildungskurs für die Lehrer der Schule[2], mit dem die anthroposophischen Forschungsergebnisse Rudolf Steiners und seine jahrzehntelange praktische pädagogische Erfahrung in eine konkrete methodisch-didaktische Ausgestaltung des Lehrplans der neuen Schule mündeten.

Die hier in chronologischer Reihenfolge wiedergegebenen anthroposophisch-pädagogischen Texte zeigen jedoch, wie Rudolf Steiner schon von 1906 an sich als Zeitgenosse und Beobachter der pädagogischen Reformbestrebungen aufgefordert sah, seine grundlegend neuen und schöpferischen Einsichten auf dem Gebiet der Erziehung und Bildung vorzutragen. Es geschah dies, lange bevor er an die praktische Verwirklichung und Ausarbeitung denken konnte. Angesichts der seit Jahrzehnten andauernden Ausbreitung der anthroposophischen Bildungsbewegung besteht die Notwendigkeit, auf ihre geistigen Quellen hinzuweisen, wozu die hier vorgelegte Zusammenstellung ein Beitrag sein kann.

In seinem 1904/05 veröffentlichten Buch «Wie erlangt man Erkenntnisse der höheren Welten?» (GA 10), schreibt Rudolf Steiner: «Bin ich Erzieher, und mein Zögling entspricht nicht dem, was ich wünsche, so soll ich mein Gefühl zunächst nicht gegen den Zögling richten, sondern gegen mich selbst. Ich soll mich soweit als eins mit meinem Zögling fühlen, daß ich mich frage: ‹Ist das, was beim Zögling nicht genügt, nicht die Folge meiner eigenen Tat?› Statt mein Gefühl gegen ihn zu richten, werde ich vielmehr darüber nachdenken, wie ich mich selbst verhalten soll, damit in Zukunft der Zögling meinen Forderungen besser entsprechen könne. Aus solcher Gesinnungsart heraus ändert sich allmählich die ganze Denkungsart des Menschen.» Damit ist auf den esoterischen Schulungsweg des Erziehers hingewiesen. Er ist für die Erneuerung der Bildungsarbeit unerläßlich und bietet erst die Gewähr für eine am Wesen des Menschen orientierte Lebenspädagogik.[3]

Unter diesem Gesichtspunkt richten sich die Vorträge dieses Bandes an verschiedenste Leser:

Eltern, die heute an diese Pädagogik herankommen, erleben eine neue Art und ein neues Maß von Engagiertheit an Schulleben und Bildungsvorgang. An ihren Kindern, durch Elternabende, Schulvereinsveranstaltungen und die reichlich vorhandene Literatur bemerken sie, daß Pädagogik als Menschenbildung aus neuen Erkenntnisquellen verwirklicht wird. Sie sind darin bestärkt, ihr Naturrecht auf Teilnahme am Bildungswesen als mitverantwortliche Aufgabe zu erleben.

Lehrer, die ihren Beruf als Mitarbeit an den ethischen Pflichten der Menschenbildung – in dem unmittelbaren Umgang mit den Kindern und in der Gemeinschaft von Kollegium und Elternschaft – verstehen, stellen über Lehrplaninhalte, pädagogische Einzelheiten der Methodik und Didaktik und Gestaltung des Schullebens hinaus immer intensiver Fragen nach den menschenkundlichen und zuletzt den weltanschaulichen Voraussetzungen und den Grundlagen ihres Lehrerseins.

Wer den Lehrplan dieser Pädagogik studiert und sieht, wie vom Spielerisch-Künstlerischen zur umfasssenden Wissensvermittlung, zur tatkräftigen Lebenspraxis übergegangen wird, kann den praktischen Vollzug nachprüfen. Insofern ist auch der Erziehungswissenschaftler aufgerufen, sich Rechenschaft darüber abzulegen, inwiefern hier eine qualitative genetische Psychologie bzw. Anthropologie vorliegt und inwiefern über die gängige Beurteilung als Weltanschauungspädagogik oder Reformpädagogik musischen Charakters hinaus neue, erweiterte Erkenntnismethoden anzuwenden sind.[4] Die

Umschau in der entsprechenden Literatur zeigt immer noch das Ignorieren, die Zurückhaltung von seiten der Wissenschaft.

Demgegenüber steht die Tatsache der Verwirklichung dieser Pädagogik in verschiedenen Stufen, beginnend mit dem großen Umbruch aller Lebensverhältnisse nach 1918/19. Zunächst war es eine große Überraschung, daß Rudolf Steiner, der bisher nur als Goethe-Forscher und Begründer der anthroposophischen Geisteswissenschaft bekannt geworden war, nun mit sozialwissenschaftlichen und pädagogischen Ideen und Taten hervortrat. Und doch war sein Lebensgang ganz auf diese Verwirklichung ausgerichtet. Er hatte, seit seiner Studienzeit an Goethes naturwissenschaftliche Methode anknüpfend und an seine Dissertation, die unter dem Titel «Wahrheit und Wissenschaft» (1892) erschien, anschließend die «Grundzüge einer modernen Weltanschauung» in seiner «Philosophie der Freiheit» (1894) entwickelt. Dem Dreiunddreißigjährigen war es ernst damit, dem auch Taten folgen zu lassen.

Nachdem er die umfangreiche Problematik der Erkenntniswissenschaft des 19. Jahrhunderts aufgearbeitet hatte und den Weg der Erweiterung des Denkens begründet und ein Jahrzehnt später in seinem Werk «Wie erlangt man Erkenntnisse der höheren Welten?» (1904) beschrieben hatte, stellte er die große Frage nach dem Wesen des Menschen in den Mittelpunkt seiner Forschungen und veröffentlichte in voller Kenntnis der herrschenden materialistisch-naturwissenschaftlichen Wissenschaft sein Buch «Theosophie, Einführung in übersinnliche Weltanschauung und Menschenbestimmung» (1904). In Vorträgen in einer Reihe mitteleuropäischer Städte behandelte er auf diesem Hintergrund seine Grundanschauungen über die «Erziehung des Kindes vom Standpunkt der Geisteswissenschaft» (1906). Hier muß darauf hingewiesen werden, daß Steiner dreißig Jahre praktische pädagogische Erfahrungen hatte durch Nachhilfeunterricht, als Haus- und Privatlehrer sowie als Dozent an der Arbeiterbildungsschule in Berlin. Dazu kam, daß er als wachsamer Zeitgenosse nicht nur die Situation des Bildungswesens kannte, sondern auch in vielen Aufsätzen und Buchrezensionen dazu Stellung genommen hatte.

Die anthroposophisch arbeitenden Pädagogen werden es begrüßen, in der zusammenfassenden Form dieses Taschenbuches verfolgen zu können, wie Rudolf Steiner seine pädagogischen Erkenntnisse im Anschluß an die «Erziehung des Kindes» konsequent weiter ausgestaltete. Weiter aber auch wird sichtbar, wie er als Zeitbeobachter und Kulturpädagoge im Jahre 1917 erstmals Anregungen zur

Neugestaltung der gesellschaftlichen Ordnung und, in tiefgehenden längeren Vortragszyklen, zur grundlegenden Neugestaltung des Bildungswesens gab. Die Fundamente dafür waren gegeben, ja grundlegende Einzelheiten waren schon behandelt, als – man möchte sagen: endlich – die Schicksalsfrage nach einer Schulgründung von Emil Molt gestellt wurde.

In unmittelbarer Anknüpfung und schöpferischer Fortentwicklung an das bis dahin Geleistete konnte Rudolf Steiner dann dem Lehrerkollegium die sehr konzentrierte «Kurzausbildung» geben, konnte er die Schulform begründen und durch das Zusammenwirken mit dem Lehrerkollegium eine neue pädagogische Praxis inaugurieren.[5]

Wie sah die bildungsgeschichtliche Situation in dieser Zeit und seit den Beiträgen Rudolf Steiners zur Bildungserneuerung aus?

Jede Geschichte der Pädagogik beschreibt die Umwandlungsvorgänge, die gegen Ende des 19. Jahrhunderts und verstärkt seit Beginn unseres Jahrhunderts, besonders aber nach 1918/19 eingesetzt haben. Darauf soll hier nicht eingegangen werden. Dafür soll der Ansatzpunkt Rudolf Steiners und sein Gesamtziel charakterisiert werden. Ihm schwebte vor, ein den erweiterten und vertieften Anschauungen vom Wesen des Menschen und der Umwandlung der gesellschaftlichen Verhältnisse in Europa entsprechendes Bildungswesen zu ermöglichen. Sein gesamtes Wirken, das sich nach dem Jahre 1919 in einer Reihe praktischer Kulturgebiete entfaltete, hatte dieses Ziel. Die Verwirklichung eines neuen Bildungswesens war ihm ein menschliches, ein kosmopolitisches Anliegen.

Umwandlungen im Bildungswesen, seien sie erstrebt oder verwirklicht aus individuellen Motiven oder aus gesellschaftspolitischen Gründen, gehen immer aus weltanschaulichen Motiven und Grundlagen hervor. Religiöse und staatliche Bildungseinrichtungen bestätigen dies am deutlichsten. Die von großen Individualitäten ausgehenden Bildungsideen formten das Bildungswesen aus größeren Anschauungen vom Menschen und der menschlichen Gesellschaft. Hinter der «Großen Unterrichtslehre» (Didactica magna) und der «Gemalten Welt» (Orbis pictus) stand des Comenius Pansophie. Die bewegenden Impulse der Reformer des 17. und 18. Jahrhunderts (Rochow, Campe, Salzmann, Basedow) waren getragen von einer Philantrophie, aus der auch Pestalozzi wirkte.

Rousseaus Wollen ging hervor aus dem Ruf «Zurück zur Natur!» und den Ideen eines neuen Gesellschaftsvertrages. Herbarts Pädagogik trägt den Stempel der Kantschen Philosophie. In Humboldt wirkte der Geist des Idealismus. Die Pädagogik des 19. Jahrhunderts, die bis in unsere Zeit reicht, ist Ergebnis der intellektuellen und materialistischen Welt- und Lebensanschauungen und nationalistischen Staatsauffassungen. *Rudolf Steiners Pädagogik gründet auf der Forderung der Erkenntniserweiterung* und der daraus hervorgehenden Erweiterung vom Wissen über das Wesen des Menschen und auf umwälzenden Ideen zur Gesellschaftsordnung.

Das Lebenswerk und Wirken Rudolf Steiners zeigt neue Ideen auf allen Lebensgebieten. Mit Elan und Energie hat er sich nach dem Jahre 1918 dafür eingesetzt. Das Charakteristische ist, daß dieses Lebenswerk überall nach praktischer Verwirklichung drängte. Wenn der groß angelegte Gesellschaftsentwurf der «Dreigliederung des sozialen Organismus» (1919/21) nicht durchdringen konnte, so ist seine Richtigkeit und Fruchtbarkeit keineswegs in Frage gestellt. Die neuen Anschauungen vom Wesen des Menschen haben sich in einer weltweiten Bildungsbewegung durchgesetzt und wirken weiter befruchtend im Kulturleben unserer Zeit. Heute allenthalben geforderte Umwandlungen müssen zuerst im eigenen Innern in Angriff genommen und immer neu realisiert werden. Die Grundlagen zur Erneuerung besonders des Bildungswesens, die Rudolf Steiner gegeben hat, basieren auf der geisteswissenschaftlichen Erkenntnis- und Forschungsweise, die er in der «Philosophie der Freiheit» und in dem Buch «Wie erlangt man Erkenntnisse der höheren Welten?» dargestellt hat. Sie sind also auf einem Schulungsweg zu erringen.

Die anthroposophische Geisteswissenschaft hat wie jede Wissenschaftsrichtung ihre eigene Begriffssprache. Diese ist den Inhalten gemäß geprägt und auch in den Gebieten der praktischen Anwendung gültig. Rudolf Steiner hat Begriffe nur gebraucht, wenn er die Wirklichkeit ihrer Inhalte beschrieben hatte. Der Leser muß also bemüht sein, die Inhalte ihm neuer anthroposophischer Begriffe nachzuschaffen. Die anthroposophische Geisteswissenschaft fordert eine Bewußtseinsentwicklung, eine Bewußtseinssteigerung durch ein gedankliches Erarbeiten in Konzentration und Meditation, wie z. B. ausgeführt in dem Vortrag «Die praktische Ausbildung des Denkens» oder in dem Büchlein «Ein Weg zur Selbsterkenntnis des Menschen» (1912) und «Die Schwelle der geistigen Welt» (1913). Immer wieder hat Rudolf Steiner auf die Notwendigkeit der neuen Bewußtseinsbildung hingewiesen. Für die Verwirklichung einer zeitgemäßen Erneuerung des Bildungswesens ist diese auf allen Gebieten desselben unabdingbar.

Welches Grundmotiv zieht sich durch die hier zusammengestellten Vorträge, die Steiner hielt, als noch in keiner Weise an ihre praktische Verwirklichung zu denken war?

Während die Bildungsreformer ahnend und suchend, fordernd und planend, ja auch praktizierend auf breiter Front wirkten, erarbeitete Rudolf Steiner in gründlicher Kenntnis der wissenschaftlichen und weltanschaulichen Lage seine weit über die damaligen Anschauungen hinausgehenden Erkenntnisse von Leib, Seele und Geist des Menschen, von der Seelenwelt, der Welt des Geistes, Schicksalswirklichkeiten und wiederholten Erdenleben des Menschenwesens, die er in seinem Buch «Theosophie» niederlegte, das auch ein Kapitel über den «Pfad der Erkenntnis» enthält.

Auf diesem Hintergrund stellte er dann in Vorträgen eine qualitativ-genetische Anthropologie der ersten drei Jahrsiebte des Lebenslaufes dar und schilderte die Konsequenzen daraus für Erziehung und Unterricht. In der Betrachtung der zeitgenössischen Reformbestrebungen auf vielen Gebieten überarbeitete er seine Vorträge und ließ das Büchlein «Die Erziehung des Kindes vom Standpunkt der Geisteswissenschaft» erscheinen, worin er auch verspricht, bis in Einzelheiten praktische Folgerungen ziehen zu können.

Auf der Grundlage der Beschreibung der Wesensglieder des Menschen stellt Rudolf Steiner, z. B. in dem zweiten der hier wiedergegebenen Vorträge, seine Typologie der Temperamente dar und verfolgt in weiteren Vorträgen den Unterschied von Mann und Frau, gibt eine neue Charakterlehre und schildert geistige Gesetzmäßigkeiten in den Veranlagungen des Lebenslaufes. Gänzlich neu sind die Hinweise darauf, wie in früher Kindheit erlebte Maßnahmen im späteren Leben sich auswirken.

Als Rudolf Steiner den dunklen Bereich des menschlichen Schicksalsgeschehens in den Bereich seiner Forschungen einbezieht, erweitert sich die Menschenkunde von allgemeinen Betrachtungen zu individuellen Erkenntnissen. «Die Offenbarungen des Karma» und «Okkulte Geschichte» sind Titel der Vortragsreihen jener Jahre um 1910. Gleichzeitig aber stellt er Schicksalserlebnisse ganz verschiedener Menschentypen dar in seinen Mysteriendramen. Für die pädagogische Seite sind bedeutsam auch die Erkenntnisse über die geistigen Weltmächte des Christus, Luzifers und Ahrimans. Sie gehören zur gesamten anthroposophischen Lehre. Einen eindringlichen Einschlag für die moralisch-ethischen und praktisch-pädagogischen Konsequenzen der Präexistenz der Menschenseele gibt Rudolf Steiner Anfang des Jahres 1915.

Überprüfungen, wie die erstrebten Ziele praktisch verwirklicht werden könnten, werden nach zehn Jahren theoretisch-geisteswissenschaftlicher Vorträge, die teils öffentlich (die ersten fünf hier wiedergegebenen), teils vor Mitgliedern der Anthroposophischen Gesellschaft gehalten wurden, im Jahre 1917 angestellt. In Europa tobte der Erste Weltkrieg. Das Ende des 1871 gegründeten Reiches war abzusehen. Rudolf Steiner stellte in Memoranden dar, wie sich Europa neu ordnen könnte, vor allem, wie Deutschland, als das Land Mitteleuropas, gesellschaftlich neu geordnet werden müßte. Die Memoranden, die bis an höchste Staatsstellen gelangten, hatten keinen Erfolg.

Rudolf Steiner stellte in diesem Jahr weiter Ergebnisse seiner Geistesforschungen in dem Buch «Von Seelenrätseln» (1917) dar: die Lehre von den zwölf Sinnen des Menschen und vom «leiblich-seelischen Zusammenhang der Menschenwesenheit» (der Dreigliederung des menschlichen Organismus). Diese geisteswissenschaftlichen Ergebnisse bereicherten die anthroposophische Menschenkunde in außerordentlicher Weise. Sie wurden ab 1919, dem Jahre der Begründung der Stuttgarter Modellschule, von großer pädagogischer Bedeutung, ja auch weiter für die ganze anthroposophische Arbeit.

In den Jahren 1917/18 setzte Rudolf Steiner auch die innere Vertiefung der anthroposophischen Menschenbetrachtung fort. Er hielt die Vortragsreihen «Erdensterben und Weltenleben» sowie die Vorträge, die in dem Band «Der Tod als Lebenswandlung» wiedergegeben sind. In diesen weitgreifenden Vortragsreihen sind größere Abschnitte über Erziehungsfragen, Lehrerbildung und Psychologie eingeflochten. Es währte noch ein halbes Jahr, bis an Rudolf Steiner die Frage nach einer Schule gestellt wurde. Nun konnte er Lehrer berufen und ausbilden. Es dauerte dann noch weitere vier Jahre, bis er mit der Lehrerschaft dieser Schule (1923) an die breite Öffentlichkeit treten konnte. Er wurde in ganz Europa durch pädagogische Vortragskurse tätig und war Mitbegründer von sieben weiteren Schulen.

Die Voraussetzungen des Gelingens der Schulgründung waren einerseits die vielfältigen praktisch-pädagogischen Erfahrungen, andererseits die aus erweiterten Erkenntnismethoden gewonnenen, systematisch aufgebauten, qualitativ neuen menschenkundlichen Ergebnisse. Dazu kam der aufopfernde wirtschaftliche Einsatz von Emil Molt. So war die Gründung der Freien Waldorfschule keine nur aktuelle kulturpolitische Tat. Sie war vorbereitet durch mehr als ein Jahrzwölft lang erarbeitete und vertretene Forschungsergebnisse über das Wesen des Menschen und die Notwendigkeit neuer gesellschaftlicher Ordnungen. Daraus konnte sich eine weltweite Bildungsbewegung entwickeln, die – und daran besteht heute kein Zweifel – notwendig geworden ist und die wachsen und neue Entwicklungen bringen wird.

Zu den kritischen Betrachtungen über die Zukunft unseres Bildungswesens gehört die Einsicht, daß der Staat als Schulträger zurücktreten muß, da «das in der letzten Reformperiode in Angriff genommene, durchgeplante und durchstrukturierte, verrechtlichte und verwaltete zweckrationale Schulwesen weder den historischen Erfahrungen noch den modernen anthropologischen Erkenntnissen entspricht».[7] Nach den Epochen der Kirchenschule, nach 200 Jahren der Staatsschulen müssen «Schulen der Bürger» entstehen. Beim 8. Kongreß der Deutschen Gesellschaft für Erziehungswissenschaft wurde gefordert, daß der Anteil der «Schulen in freier Trägerschaft» bald ein Drittel des gesamten Schulwesens betragen müsse.[8]

Karl Rittersbacher

Anmerkungen

1 Vergl. «Die Kernpunkte der sozialen Frage», GA (= Rudolf Steiner Gesamtausgabe, Bibl.-Nr.) 23, und «Aufsätze über die Dreigliederung des sozialen Organismus und zur Zeitlage», GA 24.

2 «Allgemeine Menschenkunde als Grundlage der Pädagogik», GA 293, «Erziehungskunst. Methodisch-Didaktisches», GA 294, und «Seminarbesprechungen», GA 295.

3 Eine Zusammenschau der anthroposophischen «Wege der Übung», die auch für die Verwirklichung in der praktischen pädagogischen Alltagsarbeit gelten kann, hat Stefan Leber in dieser Taschenbuchreihe «Themen aus dem Gesamtwerk» Band 1 gegeben. Schöpferische pädagogische Gestaltungskraft, gegenwartskundiger Einzel- und Gemeinschaftswille gehen daraus hervor.

4 In meiner Schrift «Zur Beurteilung der Pädagogik Rudolf Steiners» (1969) habe ich das anhand von Dissertationen und nach Gesprächen mit Vertretern der Erziehungswissenschaft dokumentarisch festgehalten. Ergebnis: Es besteht echtes Interesse. Auch die erziehungswissenschaftlichen Disziplinen ringen um ihr eigenes Neuverständnis. Das bestehende Interesse kann aber nicht vordringen zu den Ursprungsmotiven. Die Steinerschen Be-

griffe haben andere Inhalte. Die Terminologie und Wissenschaftsmethodik machen Schwierigkeiten. Die Einordnung der anthroposophischen Pädagogik in die kulturellen Neubestrebungen und ihre Würdigung stehen noch am Anfang.

5 In den drei Bänden «Konferenzen mit den Lehrern der Freien Waldorfschule 1919–1924» (GA 300 a–c) kann nacherlebt werden, wie Rudolf Steiner mit diesem Pädagogenkreis führend und freilassend zusammenwirkte. Das Buch «Der Lehrerkreis um Rudolf Steiner 1919–1924», herausgegeben von G. Husemann und J. Tautz (Stuttgart 1977), veranschaulicht die Lebensläufe und das individuelle Wirken dieses «Urkollegiums» und sein Zusammenwirken.

6 In der leider unvollendet gebliebenen Autobiographie «Mein Lebensgang» ist dies – perspektivisch gesehen – schon zu erkennen. Der erste Biograph, Günther Wachsmuth, der Rudolf Steiner auf vielen Reisen begleitet und mit dem er ein grundlegendes Buch erarbeitet hat, hat Steiners «Erdenleben und Wirken von der Jahrhundertwende bis zu seinem Tode» in einem umfangreichen Band von über 600 Seiten weiter dargestellt. Inzwischen gibt es viele biographische Studien über Rudolf Steiner. Eine der bedeutendsten ist das Werk von Friedrich Hiebel «Rudolf Steiner im Geistesgang des Abendlandes». Einen kurzen Abriß gibt die kleine Schrift von Johann Waeger «Rudolf Steiner und die moderne Wissenschaft des Geistes» (Dornach 1982) sowie die «Wegleitung durch die Rudolf Steiner Gesamtausgabe» (Dornach 1979) von Wolfram Groddeck.

7 Schmitz: Geschichte der Schule. Stuttgart 1980, S. 105.

8 Zeitschrift für Erziehung, Beiheft 18/1983, S. 110.

Dieser Vortrag wurde am 1. Dezember 1906 in Köln gehalten. Er ist enthalten in dem Sammelband von 13 Vorträgen mit dem Thema «Die Erkenntnis des Übersinnlichen in unserer Zeit» (GA 55). Über dieses pädagogische Gebiet hat Rudolf Steiner vorher in Hamburg, dann in Stuttgart im Rahmen eines Mitgliederkurses über das Thema «Vor dem Tore der Theosophie» im 6. Vortrag gesprochen, dann nochmals öffentlich in Stuttgart, Berlin, Leipzig und Prag. Den Inhalt dieser Vorträge bearbeitete er für den Druck mit dem Titel: «Die Erziehung des Kindes vom Gesichtspunkt der Geisteswissenschaft». Das Büchlein erschien im Jahre 1907 und hat bis heute eine Auflage von über 100000 Exemplaren erreicht.

Die Erziehung des Kindes vom Standpunkt der Geisteswissenschaft

Als vor drei Jahrzehnten die theosophische Bewegung ihren Anfang nahm, handelte es sich bei den eigentlich führenden Persönlichkeiten nicht darum, eine neue Idee in die Welt zu bringen, nach welcher eine Begierde nach übersinnlichen Welten Befriedigung finden sollte, sondern darum, eine geistige Einsicht weiteren Kreisen zugänglich zu machen, durch welche man die geistigen und auch die praktischen Lebensfragen lösen könne. – Eine von diesen Fragen ist die des heutigen Themas, eine Frage, die uns ins alltägliche Leben hineinführt und darum jeden Menschen interessieren muß. Die Erziehungsfrage kann nur im Zusammenhang mit intimer Kenntnis vom Wesen des Menschen gehandhabt werden. Für keine Strömung ist das Wesen der Geistesforschung günstiger als für die Erziehungsfrage, durch welche sich durch eine Erkenntnis, die eindringt ins übersinnliche Leben, leitende Grundgedanken ergeben.

Wir müssen auch hier wieder ausgehen von der Betrachtung des Wesens des Menschen. Was der Verstand erfassen kann, das ist ja für die Geistesforschung nur ein Teil des menschlichen Wesens. Das, was wir am Menschen greifen und sehen, diese physische Leibeswesenheit hat er mit der ganzen übrigen Natur gemeinsam. Nicht durch Spekulation, nicht durch Gedankenphilosophie, sondern durch dasjenige, was mit hellseherischem Blick der höhere Sinn schauen kann, forscht der Geisteswissenschaftler. Ihm zeigt sich als zweites Glied im Menschen der Ätherleib, ein geistiger Organismus, der wesentlich feiner ist als der physische. Er hat nichts mit dem physikalischen Begriff von Äther zu tun und wird besser nicht als ein Stoff, sondern als eine Summe von Kräften, als eine Summe von Strömungen, von Kraftwirkungen beschrieben. Er ist aber der Architekt des aus ihm herauskristallisierten physischen Leibes, welcher sich aus ihm herausentwickelt wie etwa das Eis aus dem Wasser. So müssen wir uns vorstellen, daß alles, was am Menschen physischer Leib, physischer Organismus ist, herausgebildet ist aus dem Ätherleib. Diesen haben wir gemeinsam mit allen lebenden Wesen, mit der Pflanzen- und Tierwelt. Er hat eine ähnliche Form wie der physische Leib, seine Form und Größe schließen sich der Form und Größe desselben an. An den unteren Teilen aber ist er verschieden, bei den Tieren ragt er weit heraus. Man beschreibt hiermit, was man als Ätherkörper kennt, etwa so, wie man einem Blinden sagt, eine Farbe ist blau oder rot. Ebensowenig wie dem Sehenden dies phantastisch erscheint, ist für den, welcher die in jedem Menschen schlummernden Fähigkeiten entwickelt, Phantasie in dem Beschriebenen.

Als drittes Glied des menschlichen Wesens erkennen wir den Astralleib, den Träger von all dem, was wir Leidenschaften, niedere und zum Teil auch höhere nennen, alles, was der Mensch an Lust und Leid, Freude und Schmerz, Begierde und Trieb in sich trägt. Der Astralkörper ist Träger auch der gewöhnlichen Gedankenwelt, der Willensimpulse. Er wird wiederum durch die Entwicklung höherer Sinne geschaut. Er umgibt den Menschen wie eine Art Wolke, die den physischen und Ätherleib durchsetzt. Ihn haben wir mit der ganzen Tierwelt gemeinsam. Alles in ihm ist Bewegung, alles spiegelt sich in ihm ab, was an Gemütsbewegungen sich vollzieht. Warum hat er den Namen «Astral»? Wie der physische Körper durch seine physischen Stoffe mit dem ganzen Erdenkörper zusammenhängt, so steht der Astralleib mit der ganzen die Erde umgebenden Welt der Sterne in Verbindung. Alle die Kräfte, die den Astralleib durchdringen und des Menschen Schicksal und Charakter bedingen, sind deshalb so benannt worden von solchen, die tief hineingeschaut haben in den geheimnisvollen Zusammenhang mit der ganzen die Erde umgebenden Astralwelt. In einem orphischen Gesange an den orphischen Urgott drückt *Goethe*, der tief hineingeschaut hat in die Zusammenhänge zwischen der Natur, dem Menschen und dem Kosmos, in schöner Strophe dasjenige aus, was sich im Astralleib abspielt:

Wie an dem Tag, der dich der Welt verliehen,
Die Sonne stand zum Gruße der Planeten,
Bist alsobald und fort und fort gediehen
Nach dem Gesetz, wonach du angetreten.
So mußt du sein, dir kannst du nicht entfliehen!
So sagten schon Sibyllen, so Propheten,
Und keine Zeit und keine Macht zerstückelt
Geprägte Form, die lebend sich entwickelt.

Durch das vierte Glied ist der Mensch die Krone der Schöpfung. Es umfaßt das, als Kraft begriffen, was ihm die Fähigkeit gibt, zu sich «Ich» zu sagen, was ein jeder nur zu sich selbst sagen kann. Es ist der Ausdruck dafür, daß die Seele ihren göttlichen Urfunken in sich sprechen läßt. Alles, was sie mit den anderen Menschen gemeinsam hat, kann als Bezeichnung an ihr Ohr klingen, aber was jeder als inneren Gott in sich hat, kann nicht von außen an ihn herantreten. Deshalb wurde es in den jüdischen Geheimschulen der unaussprechliche Name Gottes genannt, das Jahve, das «Ich bin der Ich-Bin» der Hebräer, das der Priester selbst nur mit Schauern nannte. Dieses «Ich bin der Ich-bin» schreibt sich die Seele zu. – Wir sprachen von der Gemeinschaft des physischen Körpers mit der materiellen, des Ätherkörpers mit der Pflanzen-, des Astralkörpers mit der Tierwelt; sein Ich hat der Mensch mit niemand und mit nichts gemeinsam; daher wird er durch dieses zur Krone der Schöpfung. Diese viergliedrige Wesenheit hat man in allen okkulten Schulen als Vierheit der menschlichen Natur angesprochen. Von der Kindheit an bis zum reifen Alter bilden sich diese vier Körper heraus, indem jeder dieser Teile sich besonders entwickelt. Daher müssen wir jeden am werdenden Menschen gesondert betrachten, wenn wir ihn verstehen wollen. Veranlagt finden wir sie alle nicht nur im Kinde, sondern schon im Embryo. Die Entwicklung aber der vier Glieder ist ganz voneinander verschieden. Der Mensch entwickelt sich nicht ohne Umgebung, er ist kein Wesen für sich. Er kann nur gedeihen und sich entwickeln, wenn er von andern Wesenheiten des Kosmos umgeben ist. Als Embryo muß ihn der mütterliche Organismus umschließen, und erst, wenn er eine gewisse Reife erlangt hat, kann er aus ihm frei werden. Bis zu einer gewissen Stufe muß er umschlossen sein vom mütterlichen Organismus.

Ähnliche Vorgänge gehen noch öfter mit dem Menschen vor sich während seiner Entwicklung. Geradeso wie der physische Leib als Keim bis zur Geburt vom mütterlichen Organismus umgeben ist, so bleibt der Mensch nachher von geistigen Organen umgeben, die der geistigen Welt angehören, von einer Äther- und einer Astralhülle. Er ruht in denselben wie bis zu seiner Geburt im Mutterschoß.

Wenn ein gewisser Zeitpunkt in der Altersentwicklung erreicht ist, die Zeit des Zahnwechsels, dann löst sich um den Ätherleib herum ebenso eine Ätherhülle los wie bei der physischen Geburt die physische Hülle. Da wird dann der Ätherleib nach allen Richtungen frei, da wird er erst geboren. Vorher hatte sich an ihn eine Wesenheit derselben Art angeschlossen, so daß Strömungen hinaus- und hineingingen wie die Gefäße der physischen Mutter in den physischen Leib des Kindes. So wird nach und nach das Kind zum zweiten Mal, ätherisch, geboren. Dann ist noch immer der Astralleib von einer schützenden Hülle umgeben, von einer den Leib bewegenden und durchkraftenden Hülle bis zur Zeit der Geschlechtsreife. Dann zieht auch die sich zurück, und der Mensch wird zum dritten Mal geboren; die astralische Geburt findet statt.

Diese dreifache Geburt zeigt, daß wir jede einzelne dieser Wesenheiten getrennt betrachten müssen. So wie es unmöglich ist, daß man das äußere Licht an das Auge des Kindes heranbringen kann, solange es im Mutterleibe ist, so ist es für den Seelenzustand, wenn nicht unmöglich, so doch im höchsten Grade schädlich, äußere Einflüsse an den Ätherleib heranzubringen, ehe derselbe nach allen Seiten hin frei geworden ist. Ebensowenig darf an den Astralleib vor der Geschlechtsreife etwas herangebracht werden, was ihn unmittelbar beeinflußt. Vom geisteswissenschaftlichen Standpunkt aus darf auf den Menschen bis zum siebten Jahre erzieherisch nur so gewirkt werden, daß wir bewußt nur seinen physischen Körper beeinflussen. Wir dürfen seinen Ätherleib vorher so wenig beeinflussen wie den physischen vor der Geburt. Wie aber die Pflege der Mutter von Einfluß ist auf die Entwicklung des Embryos, so muß auch hier die Unantastbarkeit des Ätherleibes geschützt werden, wenn sich das Kind gedeihlich entwickeln soll.

Was heißt das fürs physische Leben? Bis zum Zahnwechsel ist nur der physische Leib den Wirkungen von außen übergeben; daher dürfen wir bis dahin nur diesen erziehen. Und wenn in dieser Zeit etwas von außen an den Ätherleib herangebracht wird, so ist das eine Versündigung gegen die Gesetze der Menschenerziehung.

Was am Ätherleib des Menschen haftet, ist nicht nur das, was dem Ätherleib der Pflanze eignet; für den Menschen wird er zum Träger dessen, was von seelischer Dauer ist; Gewohnheiten und Charakter, Gewissen und Gedächtnis, seine bleibende Temperamentsanlage haftet am Ätherleib.

Am Astralleib haftet außer den genannten Gefühlsanlagen die Urteilsfähigkeit. Danach wissen wir, wann wir einzugreifen haben in die betreffenden Anlagen. So wie bis zum siebenten Jahre die äußeren Sinne des Kindes freigegeben werden, so werden bis zum vierzehnten Jahre die Gewohnheiten, das Gedächtnis, das Temperament und so weiter frei, und dann bis zum zwanzigsten, zweiundzwanzigsten Jahre der kritische Verstand, das selbständige Verhältnis zur Umwelt. Hieraus ergeben sich ganz bestimmte Erziehungsprinzipien für die einzelnen Lebensepochen, nämlich bis zum siebten Jahre die Pflege alles dessen, was Zusammenhang hat mit dem physischen Leibe. Dies ist nicht nur in äußerer mechanischer Weise aufzufassen, sondern es kommt noch vieles hinzu. Die Organe bilden sich nach und nach aus; wichtige physische Organe kommen zur Entfaltung in dieser Zeit. Es ist daher wichtig, wie wir auf die Sinne wirken, was das Kind sieht und wahrnimmt. Eine Fähigkeit des Menschen ist hierbei maßgebend, der Nachahmungstrieb. Der griechische Philosoph *Aristoteles* sagt bezeichnend: Der Mensch ist das nachahmendste der Tiere. Bis zum Zahnwechsel ist das für das Kind besonders zutreffend; da steht es unter dem Zeichen der Nachahmung. Daher muß man in die Umgebung des Kindes alles das bringen, was durch die Sinnesorgane bildend auf dasselbe wirken kann. Dasjenige, was als Lichtstrahl durchs Auge, als Ton durchs Ohr dringt, hat die Bedeutung, daß es für die physischen Organe bildend wirkt. Durch Ermahnung hingegen wird nichts erlangt in diesen Jahren. Gebot und Verbot haben gar keine Wirkung. Die größte Bedeutung aber hat das Vorbild. Was das Kind sehen kann, das, was geschieht, betrachtet es als etwas, was es tun und nachahmen darf. So überraschte einmal ein gutgeartetes Kind seine Eltern damit, daß es Geld aus einer Kassette genommen hatte. Die Eltern waren entsetzt und glaubten, das Kind hätte einen Hang zum Stehlen. Auf Befragen stellte sich aber heraus, daß das Kind einfach nur nachgeahmt hatte, was es Vater und Mutter täglich hatte tun sehen. Es muß deshalb das Vorbild so sein, daß durch Nachahmung desselben im Kinde innere Kräfte erweckt werden können. Darum kann man durch Predigen nichts nützen, nur dadurch, wie man in der Umgebung des Kindes ist. Daher soll man mit dem, was man tut, auf die Gegenwart des Kindes Rücksicht nehmen, sich nicht gestatten, etwas zu tun, was es nicht nachahmen darf. Es ist dies viel wichtiger, als etwas selbst zu tun und dann dem Kinde zu verbieten.

Es ist also wichtig, daß der Erzieher in diesen Jahren ein Vorbild ist, daß er nur Dinge tut, die das Kind nachahmen darf. Auf Vorbild und Nachahmung beruht die Erziehung in diesen Jahren. Das erkennt der, welcher hineinsieht in die Wesenheit des Menschen, und der Erfolg gibt ihm recht. Darnach ist es auch nicht richtig, dem Kind vor dem Zahnwechsel den Sinn der Buchstaben einprägen zu wollen; es kann zunächst nur die Form derselben nachahmen, indem es sie nachmalt. Denn die Kraft zum Begreifen des Sinnes haftet erst am Ätherleib.

Alle diese Feinheiten lassen sich begreifen vermöge der Geistesforschung; bis ins einzelne kann diese Wissenschaft hineinleuchten in das, was zu geschehen hat. Organbildend, für die physischen Organe von Bedeutung ist alles das, was in der Umgebung des Kindes vor sich geht, auch in moralischer Beziehung, und von dem Kinde wahrgenommen wird. So ist es nicht gleichgültig, ob das kleine Kind Schmerz und Leid oder Freude und Lust um sich her sieht. Denn Freude und Lust begründen gesunde Anlagen, sind gesunde Organbildner; was anderes einfließt, kann zum Begründer von Krankheit werden. Alles um das Kind herum sollte Freude und Lust atmen, und beides hervorzurufen sollte der Erzieher bedacht sein, bis auf die Farbe der Kleider, der Tapeten und der Gegenstände. Dabei ist sorgfältig die individuelle Anlage des Kindes zu berücksichtigen.

Ein Kind, das zu Ernst und Stille neigt, sollte dunklere, bläuliche, grünliche Farben in seiner Umgebung sehen, ein lebhaftes, lebendiges Kind gelbliche, rötliche Farben. Dies scheint ein Widerspruch zu sein. Allein es verhält sich so, daß durch die Fähigkeit der Sinne die Erweckung der Gegenfarbe wachgerufen wird. Das Bläuliche wirkt belebend, während für lebhafte Kinder die ins gelblich-rötliche spielenden Töne die Gegenfärbung aufrufen.

Sie sehen, ganz ins Praktische hinein leuchtet da die Geistesforschung. Die Organe, welche in der Entwicklung sind, muß man so behandeln, daß sie sich entsprechend entfalten können, daß sie veranlaßt werden, die inneren Kräfte herauszubilden. Darum sollte man dem Kinde auch keine fertigen Spielsachen geben wie Baukasten, Puppe und so weiter. Man gebe ihm lieber eine aus einer alten Serviette hergestellte Puppe mit Tintenaugen, Nase und Mund. Jedes Kind zieht eine selbstgemachte Puppe, aus einem Stiefelknecht oder einer alten Serviette, den schön ausgeputzten Wachsdamen vor. Warum? Weil dadurch die Imagination geweckt wird, weil die Phantasie in Tätigkeit gesetzt wird und die inneren Organe anfangen zu arbeiten zur Freude und Lust des Kindes. Wie lebendig und interessiert ist solch ein Kind bei einem Spiel, wie geht es mit Leib und Seele auf in dem, was seine Imaginationen ihm vorspielen. Wie lässig und unvergnügt sitzt das andere da; denn bei einer fertigen Puppe ist keine Möglichkeit mehr, etwas hinzu zu ergänzen und seine inneren Organe werden zur Untätigkeit verdammt, wenn es solche fertigen Dinge bekommt. Solange der physische Leib in seiner Entwicklung begriffen ist, hat das Kind einen außerordentlich gesunden Instinkt für das, was ihm gut ist, wenn er ihm nicht verdorben wird. Solange der physische Leib der einzige ist, der frei zur Außenwelt in Beziehung steht, zeigt er selbst, was ihm frommt. Wenn frühzeitig viel weiter eingegriffen wird, so wird dieser Instinkt ausgetrieben, der sonst zeigt, was dem Kind gedeihlich ist. Auf Freude, Lust und Begierde muß sich hier die Erziehung aufbauen. In dieser Zeit wäre jeglicher Anflug von Askese gleichbedeutend mit Ausrottung der natürlichen Gesundheit und Entwicklungsmöglichkeit.

Wenn das Kind gegen sein siebentes Jahr hinlebt, bei dem allmählichen Zahnwechsel, lösen sich die äußeren Hüllen des Ätherleibes ab und dieser wird ebenso frei, wie vorher der physische Leib. Jetzt muß der Erzieher alles heranbringen, was den Ätherleib ausbildet. Aber er muß sich hüten, zu großen Wert darauf zu legen, daß die Vernunft und der Verstand ausgebildet werden. In dieser Zeit, zwischen dem siebenten und zwölften Jahre des Kindes handelt es sich vorzugsweise um Autorität, Glauben, Vertrauen und Ehrfurcht. Gewohnheit und Charakter sind die speziellen Äußerungen des Ätherleibes, während auf die Urteilskraft in dieser Zeit nicht gewirkt werden soll, da dies vor der Geschlechtsreife ohne Schaden nicht geschehen kann.

Die Ausbildung des Ätherleibes fällt in die Zeit vom siebenten bis zum sechzehnten Jahre, beim Mädchen bis zum vierzehnten Jahr. Fürs ganze spätere Leben bleibt von Wichtigkeit, daß in dem Kinde das Gefühl von Ehrfurcht geweckt und genährt wird. Das kann etwa folgendermaßen geschehen: Es wird ihm von bedeutenden Menschen nicht nur der Geschichte, sondern auch aus den umgebenden Lebenskreisen ein Bild gegeben durch Mitteilungen und Erzählungen, etwa von einem Verwandten, vor dem man Achtung und Ehrfurcht haben kann. Es wird dem Kinde Ehrfurcht und Scheu eingeflößt, die ihm verbieten, irgendeinen Gedanken von Kritik oder Opposition der verehrten Person gegenüber aufkommen zu lassen. Dann darf es diesen Menschen einmal sehen; es lebt in heiliger Erwartung des Augenblicks, und eines Tages steht es vor der Türe dieser Person und empfindet eine heilige Scheu, auf die Klinke zu drücken und das Zimmer zu betreten, das ihm ein Heiligtum ist. Diese Momente der Ehrfurcht sind Kräfte für das spätere Leben. Von ungeheurer Bedeutung ist, daß der Erzieher, der Lehrer selbst, in dieser Zeit dem Kinde Autorität sei. Nicht an Grundsätze muß das Kind glauben, sondern an Menschen. Die Menschen, die das

Kind umgeben, die es sieht und hört, die müssen seine Ideale sein, und aus der Geschichte oder Literatur muß es sie wählen. Hier gilt der Spruch: «Ein Jeder muß sich seinen Helden wählen, dem er die Wege zum Olymp hinauf sich nacharbeitet.» Ganz falsch ist es, wenn die materialistische Weltanschauung gegen die Autorität sich ausspricht, das Kind schon zur Selbständigkeit anhält und das Gefühl der Hingebung und Verehrung mißachtet. Die gesunde Entwicklung leidet Schaden, wenn es schon vor der Geburt des Astralleibes auf sein eigenes Urteil gestellt wird. Wichtig ist, daß in dieser Zeit das Gedächtnis herausgebildet wird, und zwar geschieht das am besten auf ganz mechanische Weise. Nicht die Rechenmaschine sollte benützt werden, sondern ganz mechanisch gedächtnismäßig sollte das Einmaleins, sollten Gedichte und so weiter eingeprägt werden. Nur ein materialistisches Vorurteil kann für diese Zeit behaupten, daß man sich diese Dinge erst merken soll, wenn man sie versteht. In alten Zeiten hat man in dieser Hinsicht richtiger erzogen. Vom ersten bis siebenten Jahre sang man vor, allerlei Verse, die guten alten Ammen- und Kinderlieder. Es kommt dabei nicht auf den Sinn an, und so finden wir in alten Liedern zwischen bedeutungsvollen Zeilen etwas, was nur wegen des Klanges da ist. Es kam beim Vorsingen nur auf den Zusammenklang und die Harmonie für das kindliche Ohr an, daher die oft sinnlosen Reime. Zum Beispiel: «Flieg, Käfer flieg, dein Vater ist im Krieg, deine Mutter ist im Pommerland, Pommerland ist abgebrannt; flieg, Käfer, flieg.» Pommerland bedeutet, nebenbei gesagt, in der Mundart des Kindes Mutterland. Der Ausdruck stammt noch aus jener Zeit, in der man an den geistigen Menschen geglaubt hat, der aus der geistigen in die physische Welt kommt. Pommerland war das Land der geistigen Herkunft. Nicht auf den Sinn aber kommt es hier an, sondern auf den Klang. Daher haben wir so viele, viele Kinderlieder, die eigentlichen Sinn nicht aufweisen. – Gedächtnis, Gewohnheit und Charakter müssen in ihren Grundfesten in dieser Periode angelegt werden. Der Weg dazu ist die Autorität. Ein Mensch, bei dem dies nicht geschieht, weist eine mangelhafte Erziehung auf. Wo richtig erzogen wird, muß das Hinaufschauen zur Autorität in dieser Zeit zur Geltung kommen, während Grundsätze erst nach der astralischen Geburt am Platze sind. Dasjenige, was vom Kind als innerste Natur eines Menschen geahnt wird, was in der Autorität verehrt wird, was überhaupt zu ihm strömt vom Erzieher, das bildet des Kindes Gewissen, den Charakter und sogar sein Temperament aus und wird zur dauernden Anlage bei ihm. Dann müssen wir uns klar sein, daß in diesen Jahren bildend auf den Ätherleib wirkt, was durch Gleichnisse und Sinnbilder den Geist der Welt kennenlernen läßt. Daher der Segen der Märchenbilder in dieser Zeit und das Vorführen großer Persönlichkeiten und Helden in Sage und Geschichte.

Man muß in dieser Zeit auf die Pflege des Ätherleibes ebenso bedacht sein wie vorher auf diejenige des physischen Leibes. Wie in den ersten Jahren durch Lust und Freude organbildend gewirkt wurde, so muß vom siebenten bis zum vierzehnten – für die Jungen bis zum sechzehnten – Lebensjahre alles ausgebildet werden, was das Gefühl erhöhter Gesundheit und Lebensfreudigkeit hervorruft; daher der Wert des Turnunterrichtes. Mangelhaft ist derselbe aber, wenn der Turnlehrer mit dem Blick des Anatomen die Turner betrachtet, wenn er nur nach dem äußeren Zweck einer Gliedbewegung zielt. Es kommt vielmehr darauf an, daß der Lehrer sich intuitiv so hineindenkt in die fühlende Seele des Kindes, daß er weiß, durch welche Bewegung des Leibes die Seele den Eindruck von Kraftgefühl, von Gesundheitsgefühl bekommt, was dem Menschen Wohlgefühl, Lust seiner eigenen Leiblichkeit bereitet. So erst bekommt die Turnübung einen innerlichen Wert und Einfluß auf das Gefühl der wachsenden Kraft. Eine rechte Turnübung ist nicht nur für das äußerlich anschauende Auge, sondern auch für den fühlenden Menschen.

Einen großen Einfluß bis in den Äther- und Astralleib hinein übt jedes Künstlerische. Daher muß echtes, wahres Künstlerisches den Ätherleib durchdringen. Gute Vokal- und Instrumentalmusik zum Beispiel ist von hoher Bedeutung, und das Kinderauge sollte viel Schönes um sich her erblicken.

Aber durch nichts ist der Religionsunterricht zu ersetzen. Die Bilder des Übersinnlichen prägen sich tief in den Ätherleib ein. Es kommt hier nicht darauf an, daß der Schüler kritisieren kann, daß er sein Urteil fällt über irgendein Glaubensbekenntnis, sondern darauf, daß er eine Anschauung empfängt von dem, was übersinnlich ist, was über das Vergängliche hinausgeht. Daher sind alle religiösen Vorstellungen in bildliche Darstellungen zu bringen.

Die größte Sorgfalt muß gelegt werden auf die Erziehung aus dem Lebendigen heraus. Dadurch, daß das Kind zu viel mit totem Stoff zu tun bekommt, wird viel an ihm verdorben, während alles, woran es das Lebendige ahnen kann, wichtig ist für den Ätherleib. Alles sollte Handlung, Tat, Leben sein; das belebt den Geist. Selbst im Spielzeug ist dies Moment von Bedeutung. So sind die alten Bilderbücher zum Ziehen, zwei Klötze, die es hämmernd verbinden kann, anregend, indem sie die Ahnung von innerer Bewegung des Lebens geben. Nichts Schlimmeres für den Geist, als aus fertigen geometrischen Gegenständen Formen zusammenstellen und -setzen zu lassen. Darum soll das Kind nicht mit dem Baukasten bauen, sondern von Grund auf alles selbst aufbauen. Das Kind muß lernen, das Lebendige aus dem Unlebendigen zu machen. Durch das Fertige, Unlebendige wird die materielle Zeit das Lebendige auslöschen. Vieles erstirbt an dem sich entwickelnden Gehirn, wenn das Kind Dinge machen soll, die keinen Sinn haben, wie Flechtarbeiten und so weiter. Ganze Anlagen bleiben dadurch unentwickelt. Vieles, was Unheil in unserem sozialen Zusammenleben bedeutet, ist auf die Kinderstube zurückzuführen. Das Spielzeug des Unlebendigen bildet auch nicht den Glauben an das Lebendige heran, und daher besteht der tiefere Zusammenhang zwischen der Kindererziehung und der Glaubenslosigkeit unseres Zeitalters. So haben die Dinge einen tiefen Zusammenhang.

Wenn die Geschlechtsreife erlangt wird, fallen die astralen Hüllen, von denen der Leib umgeben ist, ebenfalls ab. Mit dem Gefühl für das andere Geschlecht tritt die persönliche Urteilskraft hervor. Jetzt erst kommt die Zeit, in der man an die Urteilskraft appellieren kann, an das Ja und Nein, an den kritischen Verstand. Kaum dann, wenn der Mensch diesen Jahren entwachsen ist, vermag er ein eigenes Urteil abzugeben, geschweige denn früher. Es ist ein Unding, wenn solche jungen Menschen schon urteilen und auf die Kultur, auch nur im kleinsten Umfang, Einfluß ausüben wollen. So wenig ein Kind im Mutterleib hören und sehen kann, vermag der noch nicht astral entwickelte Mensch vor dem zwanzigsten Jahr ein gesundes Urteil zu bilden. Für jedes Lebensalter ist der entsprechende Einfluß nötig, für das erste Vorbild, Nachahmung, für das zweite Autorität und Nacheiferung, für das dritte Grundsätze. – Äußerst wichtig ist, *wer* den jungen Menschen in diesem Lebensalter als Lehrer entgegentritt, um ihnen ihre Lernbegierde und ihren Freiheitsdrang in die rechten Bahnen zu lenken.

Die geistige Weltanschauung erfüllt den Erzieher mit einer Fülle von Grundsätzen. Diese Grundsätze helfen dem Lehrer bei der Entwicklung des Menschengeschlechtes. Geisteswissenschaft kann dadurch praktisch eingreifen in die wichtigsten Vorgänge des Menschenlebens und wir sehen sie im richtigen Verhältnis zum täglichen Leben. Dadurch, daß wir den Menschen in allen seinen Gliedern kennen, wissen wir, auf welche Glieder wir zu wirken haben und was wir tun müssen, damit unter solchen Verhältnissen, wie sie wirklich sind, der Mensch gedeiht. Wenn eine Mutter sich selbst nicht ordentlich ernähren kann, so wirkt das durch den Mutterleib auf den Embryo; wie dessen Mutter gepflegt werden muß, so auch die spätere Umgebung des Kindes; dadurch wird das Kind mitgepflegt. Das ist etwas, was auch ins Geistige zu übertragen ist. Weil nun das Kind in der Äther-Mutterhülle schlummert, in der Astral-Umgebung wurzelt, so kommt es darauf an, wie in seiner Umgebung die Dinge sich vollziehen. Jeder Gedanke, jedes Gefühl, alles Unausgesprochene, was diejenigen bewegt, die in seiner Umgebung sind, wirkt mit; da gilt nicht: Fühlen und denken darfst du dies und jenes wohl, wenn du es nur nicht sagst. – Mit reinen Gedanken und Gefühlen muß man das Kind umgeben und darum bis ins innerste Herz Reinheit bewahren, keine unlauteren Gedanken sich gestatten. Durch Worte wirken wir nur auf das Sinnesvermögen, Gefühle und Gedanken impfen wir der schützenden Mutterhülle des Äther- und Astralleibes ein und sie gehen auf das Kind über. Solange es von Hüllen umgeben ist, müssen wir diese pflegen. Pfropft man unreine Gedanken und Leidenschaften in diese hinein, so verdirbt man ebensoviel, als wenn man in die physische Hülle des Mutterleibes Schädliches bringt. Bis in diese Feinheiten hinein vermag somit die geistige Weltanschauung zu leuchten. Aus der Erkenntnis der Menschennatur heraus erfüllt sie den Erzieher mit der nötigen Einsicht.

Geisteswissenschaft soll nicht eine Theorie sein und Überzeugungen lehren; sie soll handeln, eingreifen ins praktische Leben. Indem sie gesundes Leben bewirkt, indem sie gesunde Menschen in leiblicher und geistiger Beziehung macht, erweist sie sich nicht nur als richtige, sondern als gesunde Wahrheit, die ausfließen muß in das ganze Leben des Menschen. Am besten können wir durch Geisteswissenschaft der Menschheit dienen und ihr soziale und andere Kräfte zuführen, wenn wir diese herausholen aus dem werdenden Menschen. Der werdende, der sich entwikkelnde Mensch ist eines der größten Rätsel des Lebens. Derjenige, der es praktisch löst, erweist sich als der rechte Erzieher, als der wahre Rätsellöser in der Bildung des Menschen.

Die grundlegende Erkenntnis der Wesensglieder der anthroposophischen Menschenkunde wurde von Rudolf Steiner erweitert durch die Betrachtung der Temperamente in den Jahren 1908/09 in den Städten Karlsruhe, Berlin, München und Nürnberg. Den Inhalt der ersten drei Vorträge hat Kurt Englert-Faye 1928, nach Besprechungen mit Frau Marie Steiner-v. Sivers, niedergeschrieben. Er erschien zuerst in der Zeitschrift «Die Menschenschule» (1952). Welche praktische Bedeutung diese Temperamentenlehre hat, ersieht man aus der Tatsache, daß Rudolf Steiner sie bei dem ersten Lehrerausbildungskurs (in anderer Betrachtungsart) den fünf ersten Seminar-Besprechungen zugrunde legte.

Das Geheimnis der menschlichen Temperamente

Es wird oft gesagt – was durchaus einer tiefen Wahrheit entspricht: – des Menschen größtes Rätsel ist der Mensch selbst. Obwohl dieses Wort so oft ausgesprochen wird, in seiner Tiefe, in seiner ganzen Bedeutung wird es – wir wollen zunächst gar nicht einmal sagen – nicht verstanden, sondern es wird die ganze Rätselhaftigkeit des Menschen auch in den allerseltensten Fällen tief genug gefühlt und empfunden. In Wahrheit steht nicht nur der Mensch sich selbst, wenn er über die alleroberflächlichsten Dinge des Daseins hinausblickt, als ein bedeutsames schwer zu lösendes Rätsel gegenüber, sondern auch jeder Mitmensch steht uns in einer gewissen, und zwar sehr tiefen Beziehung auch wiederum als ein Rätsel gegenüber. Was uns heute besonders interessieren soll, ist dasjenige, daß, wenn wir über des Menschen Rätsel sprechen, wir gar nicht hoffen dürfen, dieses Menschenrätsel durch eine einmalige Beantwortung gelöst zu haben; sondern wenn wir nicht theoretisch, sondern dem Leben gemäß vorgehen, so müssen wir sagen: In diesem Menschenrätsel sind im Grunde genommen ebenso viele Einzelrätsel eingeschlossen, als es Menschen in der Welt gibt. Jeder Mensch für sich darf innerhalb gewisser Grenzen als ein besonderes Rätsel innerhalb des großen Menschenrätsels aufgefaßt werden. Und mit dieser Anschauung über des Menschen Rätsel hängt innig zusammen das, was uns heute über den Menschen beschäftigen soll: jene eigentümliche Färbung des Menschenwesens, jener Grundton der Menschenindividualität, die uns eben in dem einen Menschen *so* gegenübertritt, in dem anderen *anders* und die wir bezeichnen mit dem Worte: das Temperament des Menschen.

Alles dasjenige, was uns vielfach über die Verschiedenheit der menschlichen Naturen aufklären kann, umschließt gerade dieses Wort, und wir dürfen hoffen, daß, wenn wir imstande sind, nur einiges Licht auf das Geheimnis der menschlichen Temperamente zu werfen, wir damit auch eine Handhabe gewinnen können, um das Menschenrätsel in seinen verschiedensten Gestaltungen ein wenig zu lösen. Freilich dürfen wir gerade dann, wenn wir nicht allgemein theoretisch, sondern lebensvoll individuell dieses Menschenrätsel anfassen, es da anfassen, wo es zunächst scheinbar ganz anfaßlich ist, in dem so mannigfaltigen Grundton der Individualität, der als Temperament herauskommt. Wenn wir dieses Menschenrätsel lebensvoll individuell da anfassen, dann dürfen wir uns nicht der großen Illusion hingeben, daß eine äußere Erkenntnis des Menschen, eine bloß sinnlich-physische Erkenntnis des Menschen uns irgendwie weiterführen könnte.

Der Mensch ist für die geisteswissenschaftliche oder – sagen wir – anthroposophische Betrachtung – wie wir oftmals hier erwähnen konnten – ein sehr mannigfaltig zusammengesetztes Wesen, und wir verstehen ihn nur dann, wenn wir nicht nur die Außenseite seiner selbst, dasjenige bloß betrachten, was Augen sehen und Hände tasten, was überhaupt die äußeren Sinne wahrnehmen können, was der menschliche an das Gehirn gebundene Verstand zergliedern kann, sondern wir können nur dann hoffen, den Menschen nach und nach voll zu verstehen, wenn wir auch die übersinnlichen Glieder der menschlichen Natur ins Auge fassen. Und da es oftmals schon gesagt worden ist, welche die Glieder der menschlichen Natur sind, so brauchen sie heute nur kurz erwähnt zu werden, soweit wir das brauchen, um dann einzutreten in die Betrachtung der menschlichen Temperamente.

Das, was Augen sehen, Hände greifen, überhaupt die physischen Organe wahrnehmen können am Menschen, das ist ja für die geisteswissenschaftliche Betrachtung nur das äußerste Glied der menschlichen Wesenheit, dasjenige Glied der menschlichen Wesenheit, das er gemeinschaftlich hat mit der ganzen um ihn herumliegenden, scheinbar leblosen mineralischen Natur. Darüber hinaus haben wir gleich ein nächstes Glied der menschlichen Wesenheit, ein Glied, das nicht äußere Sinne wahrnehmen können, das schon zu den übersinnlichen, unsichtbaren Gliedern der Natur des Menschen gehört. Und während wir dasjenige, was der Mensch mit der leblosen Natur gemeinschaftlich hat, als physischen Leib bezeichnen, bezeichnen wir dieses erste übersinnliche Glied als den *Äther-* oder *Lebensleib*. Ihn finden wir bei jedem belebten Wesen, bei der Pflanze, die er ebenso durchsetzt und durchorganisiert wie den Menschen, und beim Tiere. Wir reden innerhalb der Geisteswissenschaft von diesem Äther- oder Lebensleib nicht wie der materialistische Sinn von dem Leben spricht, als ob das Leben nur irgend etwas wäre, was wie eine Wirkung hervorginge aus dem physischen Leibe und dem Zusammenwirken der Kräfte und Stoffe des physischen Leibes. Nein, für die Geisteswissenschaft ist dieser Ätherleib nicht nur etwas Selbständiges, etwas, was das Bewußtsein des Menschen, das hellseherisch hinter die Sinneswelt schauen kann, wirklich sieht als Realität, gerade so wie sinnliche Augen den physischen Leib sehen, sondern es ist dieser Ätherleib eigentlich dasjenige, was als erstes, als eigentlich Schöpferisches dem physischen Leibe zugrunde liegt. Der physische Leib ist nicht der Grund, sondern die Folge des Feineren, des Äther- oder Lebensleibes. So wie – auch dieses Bild wurde hier schon öfters gebraucht – so wie für jemanden, der in ein Gefäß hineinsieht, in dem Wasser ist, sich aus diesem Wasser herausverdichten kann Eis zu Klumpen, so ist um uns herum das Geistige, und das Physische ist die Verdichtung des Geistigen. So ist innerhalb des menschlichen Ätherleibes der physische mit all seinen Stoffen und Kräften eine Verdichtung des Ätherleibes. Und so ist es bei allen Lebewesen.

Ein drittes Glied der menschlichen Wesenheit, das er nur mit den Tieren gemeinsam hat, ist der sogenannte *Astralleib*, der Träger von Lust und Leid, Freude und Schmerz, Begierden, Trieben und Leidenschaften, Vorstellungen und Gedanken. Von all dem, was auf- und abwogt im Innern der Menschenseele, ist der astralische Leib der Träger. Ebenso wie der physische Leib eine Verdichtung des Ätherleibes ist, so ist dieser herausverdichtet aus dem astralischen Leibe. Es ist gewiß ein sehr billiger Einwand, der von materialistischer Seite gemacht wird: Könnt Ihr Euch denn vorstellen, daß es irgendwo in der Welt frei herumfliegende Leidenschaften gibt, frei herumfliegende Gedanken, Gefühle, Lust und Leid. Müssen denn diese nicht gebunden sein an einen physischen Leib? Gewiß. Wenn irgend jemand ein Gefäß mit Wasser vor sich hat und er erst dann anfängt zu sehen, wenn das Wasser sich zu Eis verdichtet hat, dann mag er das Wasser leugnen. So hat der Materialist ganz recht, wenn er sagt, für ihn ist nur Physisches da; aber derjenige, der die höheren Organe des Menschen, die Goethe als Geistesaugen bezeichnet, anerkennt, der muß auch anerkennen, daß wirklich unsere Welt nicht nur erfüllt ist mit tast- und sichtbarem Inhalt, sondern mit Wesenheiten, mit Vorgängen, die nur in durcheinanderwebenden Leidenschaften und Trieben und Begierden bestehen und die sich verdichten können zu Ätherischem und Physischem. Kurz, wir unterscheiden am Menschen sein drittes Glied, den sogenannten astralischen Leib, den Träger von Lust und Leid, Freude und Schmerz, Begierden und Gedanken.

Und als viertes Glied haben wir in der menschlichen Wesenheit immer dasjenige anerkannt, was jener Name des Menschen umschließt, der nur von innen heraus ertönen kann, wenn er das bezeichnen soll, worauf er eben anzuwenden ist; als viertes Glied bezeichnen wir den Träger des menschlichen *Ich*, des menschlichen Selbstbewußtseins. Das Ich kann nur sich selbst benennen; nur von sich aus kann es sich den Namen Ich geben; unmöglich kann von außen der Name Ich an Ihr Ohr klingen, wenn er Sie selbst bedeuten soll.

Das sollte nur skizzenhaft andeuten, wie wir uns den Menschen als viergliedriges Wesen denken. Alle diese Glieder wirken ineinander in der mannigfaltigsten Weise. Das Ich wirkt auf den physischen, ätherischen und astralischen Leib, der Astralleib auf das Ich, den physischen und Ätherleib usw. In einer immerwährenden Wechselwirkung sind diese vier Glieder der menschlichen Natur. Wichtig ist es, daß wir außer dieser Wechselwirkung, die für das hellseherische Bewußtsein immerdar beobachtet werden kann während des Wachens, noch ins Auge fassen jene Veränderungen, die im Zusammenhang dieser vier Glieder vorgehen können, zunächst jene Veränderungen, die tagtäglich vor sich gehen im Wechsel des wachen Tagesbewußtseins und des Schlafbewußtseins. Wenn der Mensch einschläft, bleiben im Bette liegen sein physischer und sein Ätherleib. Heraus gehen der Astralleib und das Ich. Des Morgens tauchen das Ich und der Astralleib wiederum ein in den Ätherleib und physischen Leib und bedienen sich der Organe, durch die die Umwelt als physische gesehen werden kann. Der Mensch ist auch in der Nacht vorhanden, auch wenn die Bewußtlosigkeit sich um ihn herum ausbreitet. Er sieht nur nichts, weil er in seinem jetzigen Entwicklungszustand in seinem Astralleib nicht geistige Ohren und Augen hat. Er muß sich der physischen Organe bedienen, und das kann er nur, wenn er untertaucht in den physischen Leib. Das ist der Wandel, den der Mensch Tag für Tag durchmacht. Noch einen anderen Wandel macht die Menschennatur durch, jenen Wandel, der sich durch die bedeutungsvollen Worte bezeichnet, die im Grunde genommen einen großen Teil des menschlichen Rätsels schon umschließen: Geburt und Tod – oder auch wohl Leben und Tod.

Wir müssen uns heute auch wieder kurz vor die Seele rufen, was mit dem Menschen vor sich geht, wenn er durch das geheimnisvolle Tor des Todes schreitet. Da ist es nicht so, wie wenn der Mensch einschläft. Im Tode bleibt liegen des Menschen physischer Leib als Leichnam, und es trennt sich zunächst von diesem Leichnam das Ich, der Astralleib und der Ätherleib. Das, was zwischen Geburt und Tod nicht eintritt, daß der Ätherleib den physischen verläßt, das geschieht im Tode. Wir sehen schon daraus, daß der Ätherleib durch das ganze Leben hindurch, und zwar sowohl im Wachen wie im Schlafzustande ein Kämpfer ist gegen den Zerfall des physischen Leibes. Wo der Ätherleib nicht kämpft gegen den Zerfall, da folgt der physische Leib seinen eigenen Stoffen und Kräften und zerstiebt, verwest. Das ist die eigene Natur des physischen Leibes, die er als Leichnam entfaltet. Daß er sie während des Lebens nicht entfaltet, daß er den chemisch-physikalischen Kräften nicht folgt wie im Tode, das ist dem Ätherleibe zuzuschreiben, der zwischen Geburt und Tod ein treuer Kämpfer ist gegen den Zerfall des physischen Leibes. Und wenn dann der Mensch durch den Tod geschritten ist, dann kann er dadurch, daß er seinen physischen Leib abgelegt hat, mit den Früchten, die er in dem Leben zwischen Geburt und Tod geerntet hat, die er geerntet hat durch seine Erfahrungen, weiterleben in der geistigen Welt. Der Ätherleib, der sich aus dem physischen Leibe herauszieht, enthält ein getreues Abbild aller Erlebnisse zwischen Geburt und Tod, und es ist etwas wie eine Essenz, wie ein Extrakt des Ätherleibes, was wir mitnehmen in das folgende Leben nach dem Tode, in das Leben im Geist hinein. Wir nehmen von unserem Ätherleib, der nach ein paar Tagen in der Regel auch als ein zweiter Leichnam sich von uns loslöst, etwas wie einen Extrakt mit, der für alle Ewigkeit bleibt. Er enthält etwas, wie einen kurzen Auszug des letzten Lebens: den nehmen wir mit in das zukünftige Leben.

Nun haben wir allerdings noch eine Aufgabe nach dem Tode. Wir müssen eine Art von Probezeit, eine Zeit des Abgewöhnens durchmachen. Sie können sich diese Zeit am besten vorstellen, wenn Sie von einer einfachen Erwägung ausgehen, wenn Sie sich sagen: Der Astralleib des Menschen ist der Träger von Lust und Leid, von Trieben, Begierden, allen Genüssen. Nicht der physische Leib ist der Träger derselben, der gibt nur die Instrumente zum Genießen. Der Genuß selbst liegt im Astralleib. Den Astralleib nehmen Sie aber mit nach dem Tode. Er ist unmittelbar nach dem Tode gerade so wie er im Leben war. Nehmen wir an, der Mensch sei ein Feinschmecker gewesen. Nach dem Tode hat er seinen Astralleib noch; der sehnt sich immer nach den lekkeren Bissen. Es besteht aber keine Möglichkeit, diesen Genuß zu befriedigen. Er läßt sich nur befriedigen, wenn man einen Gaumen hat. Der physische Leib ist abgelegt; so lechzt der Astralleib nach dem Tode nach den Genüssen vom Leben. So ist es mit alledem, das nur durch physische Werkzeuge befriedigt werden kann. Das muß alles in einer gewissen Zeit abgewöhnt werden. Diese Abgewöhnzeit, in der der Mensch lernt, nichts mehr von dem haben zu wollen, was nur durch die physischen Organe befriedigt werden kann, diese Zeit bezeichnet man gewöhnlich als die Zeit der Wünsche, Kamaloka. Dann, wenn der Mensch diese Zeit des Abgewöhnens durchgemacht hat, wenn er nichts mehr begehrt, was nur durch die physischen Sinne befriedigt werden kann, dann streift er den dritten Leichnam ab. Zuerst hat er abgestreift den physischen Leichnam, dann den Ätherleichnam, der sich wenige Tage nach dem physischen Tode auflöst, und dann streift er ab das Unbrauchbare vom Astralleibe. Und dann ist der Mensch jenes rein geistige Wesen, das eine Zeit rein geistigen Lebens durchmacht. Der Übergang von der Zeit des Abgewöhnens physischer Leidenschaften macht sich dadurch geltend, daß der Mensch zunächst als das Innerste seines Erlebens etwas hat, was man bezeichnen kann als das Gefühl der Seligkeit. Jetzt beginnt vor allen Dingen die Zeit, wo er entgegenarbeitet einem neuen Dasein, wo er beginnt das, was er in früheren Leben gelernt hat, was er als Früchte aufgenommen hat, anzuwenden, es allmählich zu einem geistigen Urbild auszugestalten, wovon das nächste Leben ein Abbild werden kann. Schaffen ist immer mit dem Gefühl der Seligkeit verbunden. Und jenes Schaffen, in dem wir das Urbild für ein nächstes Dasein nach und nach bilden, das ist höchste Seligkeit. Ich will gar nicht davon sprechen, welche Seligkeit mit jeder geistigen Produktion verbunden ist, aber es ist schon Seligkeit, wenn nur – verzeihen Sie den Vergleich – die Henne teilnimmt an der Produktion des neuen Hühnchens. Seligkeit ist das, was ein Wesen durchzieht bei allem Hervorbringen. Seligkeit ist es daher auch, was der Mensch durchmacht, indem er frei ist von allen Schranken der physischen Welt, indem er alles zusammenbringt geistig, was dann, wenn er geistig ausgebaut ist, zu einem neuen Dasein auf dieser Erde schreitet. Wenn der Mensch seinen geistigen Wesenskern ausgereift hat, was lange dauert, dann beginnt wieder der Abstieg in die physische Welt; dann ist es so, daß der Mensch sich umgibt mit drei neuen Leibern. Je nachdem des Menschen Eigenschaften sind, gliedern sich die Substanzen aus der astralen Welt an, bildet sich sein neuer Astralleib. Diese Bildung können wir vergleichen etwa – sagen wir – damit, wenn wir Metallspäne auf einer dünnen Platte ausgebreitet haben und einen Magneten unten durchführen; diese Metallspäne gliedern sich dann in allerlei Formen an, in denen sie dann erstrahlen. So gliedert sich die Astralsubstanz beim Herabstieg um einen geistigen Wesenskern. Dann wird der Mensch hingeleitet zu einem Elternpaar, und es bildet sich durch die Verbindung dieses geistigen Wesenskernes, der sich seine astralische Hülle angegliedert hat, mit demjenigen, was sich abspielt zwischen den Eltern, das Weitere an menschlichen Hüllen um diesen Wesenskern des Menschen aus. Im Zusammenwirken dessen, was herabsteigt, mit den Eltern, gliedert sich um das Herabsteigende ein neuer Ätherleib und ein neuer physischer Leib aus, so daß wir jedesmal, wenn wir einen Menschen in ein Dasein eintreten sehen, wir uns zu sagen haben: Dieses Menschenwesen bekommt von zwei Seiten her das, was es eigentlich ist für dieses irdische Dasein. Das innere Wesen steigt herab aus geistigen Höhen. Indem der Mensch geistig und astralisch ist, steigt er herunter aus höheren Welten. Durch dasjenige, was sich vererbt von Generation zu Generation, von den Ahnen zu den Nachkommen, gliedert sich um den Menschen das herum, was wir als äußerliche Hülle schauen, aber auch viel von demjenigen, was zum ätherischen Leib, zu dem Kämpfer gegen den Zerfall des physischen Leibes gehört.

Und nun sagen wir uns, indem wir so einsehen, daß der Mensch von zwei Seiten her gebildet ist, was geschehen würde, wenn das eine oder andere Extrem besonders herrschen würde. Nehmen wir an, der Mensch würde nur einige Eigenschaften aus geistigen Höhen mitbringen, dann würde in seinem astralischen Leibe auch ein wenig reicher Inhalt sein, und es würde dasjenige überwältigend wirken, was als ätherische und physische Hülle sich um den Menschen herumgliedert. Das heißt, ein solcher Mensch, der nur einen armen Inhalt mitbringt, er würde in allen seinen Ahnen sein, eine Wiederholung sozusagen innerhalb der Vererbungslinie. Je reicher der Inhalt ist, den sich der Mensch herunterbringt, desto mehr wird dasjenige, was von den Ahnen zu dem Enkel geht, was in der Vererbungslinie an allgemeinen Ähnlichkeiten liegt, in das Individuelle verändert hineingetrieben. Menschen, die arm herunterkommen aus dem Geistigen, werden sozusagen ihrem Innern nach überwältigt von dem Äußeren, das sich um sie herumschließt durch Rasse, Stamm, Familie und Stand; sie haben diejenigen Charaktereigenschaften an sich, die ihr Volk, ihre Familie hat. Menschen, die mit einem reichen Inhalt, mit einer bedeutenden inneren Kraftentfaltung herunterkommen, die treten als scharf umrissene Individualitäten hervor, die nehmen zwar auch auf, was von den Ahnen zu den Nachkommen geht, aber die Ähnlichkeit tritt zurück gegenüber den einzelnen Zügen, die eine Folge der geistigen Entwicklung der Individualität sind. Wir können das bewahrheitet finden, wenn wir primitive Menschen betrachten oder namentlich, wenn wir den geistigen Blick zurückrichten in Urzeiten der Erde. Da sehen die Menschen eines *Volkes* einander ähnlich. Warum sehen sie einander ähnlich? Weil die Menschen, die sich in solchen Urzeiten verkörpern, wenige verflossene Daseinsstufen durchgemacht haben, wenig erfahren haben in früheren Stufen, daher wenig herunterbringen aus dem Geistigen. Bei entwickelteren Völkern haben wir entwickeltere Stufen; da treten Menschen auf, die viele, viele Lebensläufe hinter sich haben, reiche, reiche Früchte gesogen haben aus früheren Lebensläufen und daher dasjenige, was sie als Früchte hinaufgetragen haben durch viele Leben ins Geistige, wiederum herunterbringen und sich ein individuelles Dasein gestalten. Aber jeder Mensch muß innerhalb unseres heutigen Menschheitszeitraumes sozusagen diesen Kompromiß schließen; er muß hinuntersteigen und mit körperlichen Hüllen sich umschließen, die er aus der Vererbungslinie nehmen muß. Es ist in jedem Menschen diese Zweiheit vorhanden, die zu einem Ganzen sich zusammenfügt. Auf der einen Seite ist der Mensch ähnlich dem, was dahinfließt durch die Vorfahren, auf der anderen ist er eine eigene Wesenheit.

Gewiß wird gerade gegen solche Dinge von einem materialistischen Denken viel eingewendet. Es wird z. B. gesagt: Ach, was redet Ihr da von der heruntersteigenden Menschenwesenheit; das ist ja alles vererbt! Auch die Eigenschaften des größten Genies können wir bei den Vorfahren finden. Es gibt Leute, die nehmen Goethe oder Leibniz oder diesen oder jenen und da forschen sie hinauf bis zu den frühesten Ahnen und finden nun die Eigenschaften, die beim Genie hervortreten, bei den Ahnen zerstreut, bei diesem eine Eigenschaft und bei jenem eine. Und so sagen uns diese Leute: Ihr könnt es ja sehen, wie das Genie bloß auf Vererbung beruht. Das Genie steht sehr selten am Anfang einer Generation, sondern gewöhnlich am Ende derselben, hat also, was ihm eigen ist, ererbt von den Ahnen. Eine sonderbare Logik ist das! Denn wer diese Logik überdenkt, wird finden, daß sie das Gegenteil besagt von dem, was sie behauptet. Diese Logik will beweisen, daß das Genie seine Eigenschaften ererbt. Sie würde es beweisen, wenn nachgewiesen werden könnte: Hier ist ein Genie; der Sohn hat seine Eigenschaften geerbt, der Enkel wieder usw. Aber das ist nicht der Fall. Das wird gerade geleugnet. Das Genie ist unfruchtbar. Es ist selten, daß man geniale Eigenschaften einfach vererben kann. Wenn das Genie am Ende einer Reihe von Geschlechtern steht, so besagt das nichts dafür, daß diese Individualität in ihrem Ganzen herunterfließt in der Reihe. Natürlich stammen der physische und der Ätherleib, die die Instrumente des menschlichen Wesenskernes sind, aus der Vererbungslinie, und daß sie die Eigenschaften zeigen, die man da oder dort zusammenlesen kann, ist nicht wunderbar. Das ist geradeso gescheit, wie wenn man jemandem erzählt, nachdem einer ins Wasser gefallen und herausgezogen worden ist: dieser ist naß. Das ist selbstverständlich. So ist es mit den Eigenschaften, die man ererbt. Die Logik ist falsch, die gewöhnlich angewendet wird, um irgendwie die gut begründete Tatsache zu widerlegen, daß der Mensch zusammenfließt aus den zwei Linien, wovon die eine von Generation zu Generation geht und bezeichnet wird mit den Namen Rasse, Volk, Stamm, Familie, die andere aber innerhalb der geistigen Welt liegt, wo der Mensch von Leben zu Leben schreitet und in langen Zeiträumen zwischen dem Tod und einer neuen Geburt eben diese neue Geburt in einer rein geistigen Welt vorbereitet. Diese zwei Linien fließen zusammen. – Wie wird die Übereinstimmung geschaffen zwischen dem, was aus der geistigen Welt kommt, und dem, was innerhalb der Vererbungslinie liegt und beschlossen wird durch Worte wie Volk, Familie? Wie wird ein Ausgleich geschaffen?

Dieser Ausgleich kann nur dadurch geschaffen werden, daß den Eigenschaften, welche den Menschen auszeichnen, insofern er einer Rasse, einem Stamm, einer Familie angehört, daß diesen andere, ihnen ähnliche entgegentreten und sich mit den von unten stammenden zusammengliedern. Würden wir nur die Automaten sein, die sich in der Vererbungslinie fortpflanzen, so würden wir sagen: So sind wir. Wir schauen die Ahnenreihe hinauf und finden die Eigenschaften, die in unserem physischen und

Ätherleibe sind, in den Vorfahren. Nicht nur die Nasen- und Stirnbildung, Haarfarbe und Physiognomie finden wir bei den Ahnen, sondern auch innere Eigenschaften, die schon hart an dasjenige heranreichen, was man mit dem Worte «moralisch» umschreiben kann, vererben sich. Es gibt Begriffe, z. B. über Empfindungen und Gefühle, die in dieser Familie oder jener Rasse oder jenem Stamme heimisch sind. Wie pflanzen sich die fort? Würde die Fortpflanzung bloß von physischem Leibe zu physischem Leibe gehen, dann würden sich die Menschen nur in bezug auf diesen ähnlich sein. Daß sie auch in solchen Eigenschaften, welche Charaktereigenschaften eines Stammes sind, übereinstimmen, das rührt davon her, daß ein Ätherleib zu demjenigen gehört, was sich ebenfalls durch die Generationen hindurch fortsetzt. Und wie der physische Leib von unten herauf auf den Ätherleib zurückwirkt, welche Eigenschaften der physische Leib von unten herauf dem Ätherleib aufprägt, nachdem er gebildet ist, das werden die Rasseneigentümlichkeiten. Ursprünglich ist der physische Leib entstanden wie durch eine Art Verdichtung des Ätherleibes. Wenn er aber da ist, so nimmt er die Eindrücke der Außenwelt auf. Die wirken wieder zurück auf den Ätherleib, und soweit sie zurückwirken, übertragen sie sich innerhalb der Vererbungslinie. So ist der Ätherleib eines jeden Menschen dadurch, daß letzterer sozusagen ein Nachkomme irgendeines Ahnen ist, mit ganz bestimmten typischen, schablonenhaften, eben Rasseeigentümlichkeiten ausgestattet. Der geistige Wesenskern des Menschen, in dem er herunterkommt in die physische Welt, muß sich demjenigen anpassen, was ihm gerade eben in dieser physischen Welt zur Verfügung stehen kann als Hülle. Diese muß ihm etwas entgegenbringen, was den Eigenschaften des Ätherleibes verwandt ist. Mit anderen Worten: es muß das herabkommende Ich solche Eigenschaften nun in den Ätherleib hineinprägen können, daß der Ätherleib durch diese ihm von oben, von dem Astralleib eingeprägten Eigenschaften den Kompromiß bilden kann zwischen dem, was von unten kommt, und dem, was von oben kommt. Im Ätherleib fließen dann, wenn der Mensch in ein neues Dasein tritt, gewisse Eigenschaften zusammen, die dadurch im Ätherleib sind, daß dieser nach unten verbunden ist mit dem physischen Leib und von oben andere Eigenschaften durch ihn fließen, die ihm eingeprägt werden von dem herabkommenden Astralleib.

Die Eigenschaften, die von dem herabkommenden Astralleib dem Ätherleibe eingeprägt werden, begründen das menschliche Temperament. Hier sitzt das Temperament. Dieses Temperament bringt sich der Mensch dadurch mit. Er hat es noch nicht, wenn er bloß den Astralleib hat; er hat es dadurch, daß dieser Astralleib, indem er herunterschwebt, sich zu verbinden hat mit dem Ätherleib, der gewisse Eigenschaften der Rasse, des Volkes hat. Da er sozusagen gewisse Eigenschaften ausbildet, die dem Unten entsprechen, aber auch den ursprünglichen, kernhaften Eigentümlichkeiten des Menschen angemessen sind, so ist das Temperament etwas, was zugleich individuell ist und was sozusagen seinen Ton hinwirft über die allgemeinen Eigenschaften, die der Mensch gemeinsam hat mit Rasse, Stamm, Familie. Würden wir nur die Eigentümlichkeiten der Rasse, des Stammes, der Familie vererben, so wären wir Durchschnittsfiguren; würden wir von oben kommen mit unserer kernhaften Wesenheit und jetzt sozusagen hineinfahren müssen in diese, dann würde das wenig stimmen. Was wir uns mitbringen, was wir uns vor Jahrtausenden vielleicht ausgebildet haben, würde wenig zusammenstimmen mit dem, was wir vorfinden. Das, was sich als Individuelles anpassen kann dem schablonenhaften Allgemeinen von unten, das ist das Temperament.

So kommt der Mensch durch sein Temperament aus der Lage heraus, ein völlig individuelles Wesen zu sein. Denn durch sein Temperament mildert der Mensch seine volle Eigensinnigkeit eines individuellen Wesens, mattet er dieses ab. Aber er hebt zu gleicher Zeit das Schablonenhafte auf. Daher sehen wir auch, daß die Temperamente der Menschen durch Vermischung entstehen von, im Grunde genommen, wenigen Grundtemperamenten.

Sie alle kennen ja diese vier Grundfarben des Temperamentes, die man bezeichnet als melancholisch, phlegmatisch, sanguinisch, cholerisch. Eigentlich gibt es nicht nur diese vier, sondern sieben Schattierungen des Temperamentes. Nur das cholerische Temperament ist im Grunde genommen einzeln für sich stehend.

Das sanguinische, phlegmatische und melancholische Temperament haben alle eine aktive und eine passive Seite, so daß sie zweifach auftreten. Das gibt sieben Farben, wie sieben Farben im Regenbogen, sieben Töne in der Tonskala zu unterscheiden sind. – Der achte ist nur eine Wiederholung der Prim: aber das soll uns weniger beschäftigen. – Wir wollen uns darüber klar werden, daß wir niemals eines dieser Temperamente für sich genau einem Menschen zuschreiben dürfen, sondern jeder Mensch ist aus allen diesen Temperamenten gemischt; nur das, was hervorsticht von den vieren, läßt ihn melancholisch oder phlegmatisch oder sanguinisch erscheinen, und je nachdem bezeichnen wir ihn als solchen oder solchen. Im Melancholiker sind die andern enthalten, nur treten sie zurück gegenüber der melancholischen Grundstimmung. Leicht könnten Sie das nachweisen, wenn Sie z. B. Napoleon betrachteten; der hatte gewiß ein cholerisches Temperament. Denken Sie nach, wie phlegmatisch er gewesen ist in ganz bestimmten Dingen, die ihn nicht interessiert haben. Er konnte sehr phlegmatisch sein auf gewissen Feldern. Der Mensch hat eine hervorragende Eigenschaft, ist aber zusammengesetzt aus den vier bzw. sieben Grundfarben des Temperamentes.

Nun fragt es sich: wann ist der Mensch vorzugsweise ein Melancholiker, ein Phlegmatiker, ein Sanguiniker, ein Choleriker? Es wurde schon in der Einleitung gesagt, daß alle Glieder der Menschennatur wechselweise aufeinander wirken. So wirken alle höheren Glieder der Menschennatur auf den physischen Leib. Wenn der Mensch kein Ich, kein individuell geartetes Ich hätte, dann würden sein Blut und die ganze Blutzirkulation nicht so sein, wie sie sind. Der Blutkreislauf ist der Ausdruck für das Ich. Das Ich ist rein geistig; aber die Wirkung dieses Geistigen, dieses Ich, ist das Blut in seiner ganzen Zirkulation. Wie das Blut in uns zirkuliert, so ist es der Ausdruck unseres Ich. Der Ausdruck des Astralleibes ist das Nervensystem – *ein* Ausdruck wenigstens. Der Ausdruck des Ätherleibes ist das Drüsensystem. Nur diejenige Wesenheit kann ein Drüsensystem haben, die durchzogen ist von einem Ätherleibe; denn der Ätherleib durchsetzt den physischen Leib mit dem Drüsensystem, das notwendig ist für das ganze Leben, für die Ernährung und Fortpflanzung. Denken und empfinden kann nur ein Wesen, das einen Astralleib hat; denn ein Astralleib durchsetzt den physischen mit einem Nervensystem. Und nur ein Wesen, das ein Ich ist, kann den Blutkreislauf haben; denn der ist der physische Ausdruck des Ich. So haben wir, wie in den physischen Leib jedes Glied hineinwirkt, das wir zu den höheren Gliedern zählen. Aber umgekehrt wirkt der physische Leib wieder zurück.

Von den Temperamenten haben wir gesehen, daß sie im Ätherleib ihren besonderen Ausdruck haben. Durch diesen Ausgleich, der da geschieht zwischen dem, was von oben beim Heruntersteig des Menschen hineingeprägt wird in den Ätherleib, und dem, was von unten an bestimmten Eigenschaften in den Ätherleib hineinkommt, entsteht das Temperament. Wenn nun der Mensch einen so gearteten physischen Leib in einer bestimmten Inkarnation hat, daß dieser physische Leib einen stärkeren Eindruck auf den Ätherleib macht als der Astralleib und das Ich, wenn der überwiegende Einfluß vom physischen Leib ausgeht, dann bildet sich im Menschen das, was man das *melancholische* Temperament nennt. Durch die Eigenart, wie der heruntergehende Astralleib wirkt, weil er sozusagen nicht vollständig Herr wird über die Gesetze des physischen Körpers, wirkt dieser physische Leib mit all seiner Schwere auf den Ätherleib zurück und dadurch entsteht das melancholische Temperament. Insbesondere muß es ja bei dem Menschen dasjenige im physischem Leibe sein, was das physische Instrument des Denkens, des Geisteslebens überhaupt ist, was da zurückwirkt im melancholischen Temperament auf den Ätherleib, auf die ganzen Lebensverhältnisse des Menschen. Daher wird derjenige, der sozusagen durch seinen Astralleib und sein Ich nicht Herr wird über das physische Gehirn, über das, was sonst physisches Instrument für die Gedanken ist, er wird unter der Gewalt seiner Gedanken stehen. Dazu zwingt der physische Leib den Ätherleib, daß der Mensch nicht Herr wird über seine Gedanken, sondern von diesen beherrscht wird. Das ist dasjenige, was das Grüblerische des Melancholikers begründet. Der schleppt sich hinter seinen Gedankenmassen, hinter seinen Gefühlsmassen, die immer wieder eintreten, einher, weil der physische Leib den vorwiegenden Einfluß auf den Ätherleib hat. Und überall da, wo überhaupt der physische Leib einen vorwiegenden, d.h. zu großen Einfluß auf den Menschen hat, wo sich dessen Leben so erweist, daß er nicht voll beherrscht werden kann von den höheren Gliedern, da zeigen sich recht die Folgeerscheinungen, auch dann, wenn sie krankhaft werden. Es ist nur die Folge davon, daß die höheren Glieder der menschlichen Natur nicht ihre volle Herrschaft üben können über den physischen Leib, wenn z.B. epileptische Anfälle, wenn nervöse Kopfschmerzen auftreten. Sobald der melancholische Charakter hinüberneigt ins Pathologische, können solche Dinge auftreten. Daher bezeichnete man in Griechenland, wo man noch hellseherische Gefühle hatte, denjenigen Menschen, bei dem der dichteste Teil den vorwiegendsten Einfluß ausübte, als Melancholiker. Der physische Leib ist es, den der Mensch gemeinsam hat mit den mineralischen Wesenheiten, die man zusammenfaßt unter dem Begriff der Erde, und man wußte noch in Griechenland, was man heute nicht mehr weiß, daß der menschliche physische Leib durch seine verschiedenen Säfte gebildet wird. In diesen sah man nicht bloß etwas Physisches, man untersuchte sie nicht bloß in der chemischen Retorte, sondern wußte, daß allem Geistiges zugrunde liegt, und man bezeichnete daher dieses Temperament, bei dem der physische Körper den überwiegenden Einfluß ausübt, als schwarzes – melas – als das melancholische Temperament, weil man die Säfteabsonderung im Menschen erblickte, die die Zähigkeit des physischen Leibes bewirkt, wodurch dieser sich den normalen Einflüssen der höheren Glieder entzieht und wodurch er daher den Menschen zu einem finstern, in sich hineinschauenden Wesen macht. Denn durch seine höheren Glieder gehört der Mensch einer viel größeren Allgemeinheit an. Durch seinen Äther- und Astralleib und sein Ich würde er sich als dem großen Ganzen, dem großen Welten-Ich, der Gottheit angehörig fühlen. Dasjenige, was des Menschen geistige Wesenglieder sind, ist gerade zu dem Persönlichen zusammengefügt dadurch, daß der Mensch in die Haut des physischen Leibes eingeschlossen ist. Daher kommt der Melancholiker auch so schwer von seinem physischen Einzeldasein ab, weil dieses Physische den überwiegenden Einfluß ausübt.

Wenn nun der Ätherleib weder von dem physischen Leib noch von dem Astralleib und dem Ich stark beeinflußt wird, wenn wenig ausgeprägt sind die Impulse der Familie, die Eigentümlichkeiten der Rasse, wenn von oben und unten nicht stark auf den Ätherleib gewirkt wird, wenn er sozusagen neutral bleibt, dann entsteht das *phlegmatische* Temperament. Das Phlegma ist das Ausgeglichene im Ätherleib. Da wirkt weder der physische noch der astralische Leib und das Ich besonders stark. Der Mensch hat in diesem Falle das ausgeglichene Phlegma der in sich durcheinanderwogenden Kräfte seines Ätherleibes. Das können Sie hineinverfolgen bis in die physische Leibesgestaltung, die Sie nach außen projiziert sehen. Sie können sehen, wie beim Phlegmatiker dadurch, daß der Ätherleib weder von oben noch von unten starke Einflüsse erhält, das, was Überschuß an Leben ist, sich absetzt in Fett. Sie können in allen Einzelheiten die Folgen sehen dessen, was wir im Geistigen sehen müssen: das Physische ist in allen Einzelheiten ein Ausdruck des Geistigen. Wir können das Physische nur verstehen, wenn wir das Geistige begreifen.

Wenn nun die Dinge so verteilt sind, daß der Astralleib überwiegend auf den Ätherleib wirkt, seine Eindrücke besonders stark macht auf diesen, das unterdrückt, was vom physischen Leib heraufkommt, dann entsteht das, was wir das *sanguinische* Temperament nennen. Da ist der Astralleib, der in sich bewegliche Astralleib tätig; die durcheinanderwogenden Gefühle und Empfindungen regen und rühren sich lebendig. Der ist hingegeben allen Eindrücken der Außenwelt. Wir werden gleich hören, daß es das Ich ist, welches die auf- und abwogenden Bilder, die im Astralleib entstehen und die ihr physisches Instrument im Nervensystem haben, eindämmt geistig, und das Blut, der Ausdruck des Ich, das sie physisch eindämmt. In der Tat wirken Blut- und Nervensystem ganz merkwürdig zusammen. Denken Sie sich, das Blut schwächt sich ab. Was geschieht? Da treten phantastische Bilder auf, Halluzinationen, Phantasiebilder, die keiner Wirklichkeit entsprechen. Die richtigen Hemmungen für diese halluzinativen Kräfte und Phantasiekräfte bilden physisch das Blut und geistig das Ich. Beim Sanguiniker ist nichts Krankhaftes vorhanden, aber er ist deshalb allen Eindrücken der Außenwelt hingegeben, weil das eigentliche Ich noch nicht stark genug wirkt. Was stark wirkt, ist der Astralleib und das Nervensystem. Daher ist der Sanguiniker jedem Eindruck hingegeben; daher ist der Sanguiniker selbst beweglich, weil sein Astralleib beweglich ist. Sehen Sie sich den sanguinischen Gang des sanguinischen Kindes an, wie es hüpft, wie das und jenes es interessiert! Würde das nicht der Fall sein, daß dieses und jenes abwechselnd das Kind interessiert, dann müßten die Eindrücke reguliert werden durch das Ich und das Blut.

Das ist beim *Choleriker* der Fall. Wenn das Ich und sein Blut tätig sind, überwiegend tätig sind und auf den Ätherleib wirken, dann begründet das das cholerische Temperament, das nach der andern Seite zu weit geht, das nicht von Bild zu Bild eilt, sondern gerade eindämmende, den Wechsel eindämmende Kräfte ausbildet. Diese Kräfte sind bei ihm da.

So sehen wir, wie wir die verschiedenen Schattierungen des Temperamentes, die bewirkt werden durch den Einschlag dessen, was von oben kommt, verstehen lernen. Überwiegt die Einwirkung des physischen Leibes auf den Ätherleib, so ergibt das das melancholische, ist der Ätherleib neutral, so entsteht das phlegmatische Temperament. Ist insbesondere der Astralleib innerlich tätig, so haben wir den Sanguiniker, und ist es das Ich, dem vorzugsweise das Herrenrecht überwiesen ist in der menschlichen Individualität, dann bewirkt das den Choleriker.

Alle diese Dinge können Sie, wenn Sie sie im Geistigen begriffen haben, auch im Physischen ausgeprägt finden. Denken Sie sich die Choleriker, die Leute, bei denen das Ich ausgeprägt ist; sie dämmen den astralischen Leib ein. Und nun ist dieser der ursprüngliche Bildner des physischen Leibes. Der Astralleib hat das Bedürfnis, die Sehnsucht, den physischen Körper so schlank wie möglich zu machen, so mannigfaltig auszubilden als möglich. Bei den Cholerikern wirkt das Ich entgegen und dämmt so den Wuchs zurück. Sehen Sie sich nun bei den Cholerikern um, die werden Ihnen den zurückgedämmten Wuchs des physischen Körpers zeigen. Ich möchte Sie auf das Bild eines Fichte aufmerksam machen, der Choleriker war; der hatte genau diesen Ausdruck im Physischen, und an Napoleon brauche ich nur zu erinnern, an den Ausdruck der kleinen gedrungenen Gestalt. Auch da haben Sie den zurückgehaltenen Wuchs zum Ausdruck gebracht. Insbesondere zeigen sich die Eigenheiten des Temperamentes eben gerade in demjenigen, was der Mensch durch seine Individualität geben kann, entgegengeben kann demjenigen, was allgemein typisch ihn überkommt. Sehen Sie, wie der Mensch aus diesen zwei Strömungen zusammenfließt. Der Mensch hat fest geprägte Formen an sich, das, was dauernd, starr im Gesichtsausdruck ist – das vererbt sich. Was beweglich ist, wird zum Ausdruck des Individuellen, das vom Geistigen herunterkommt. Da hinein, in das Bewegliche legt sich das Temperament. Die Gesichtszüge können Ausdruck des Starren, Vererbten sein; den Blick hat der Mensch von seiner Individualität heraus. Der Blick ist der Ausdruck des Temperamentes: der stechende der des cholerischen, der unruhige der des sanguinischen, der zurückgehaltene der des melancholischen und der matte der des phlegmatischen. Sehen Sie sich meinetwegen die Gestalt der Füße an. Wer Kenner wäre, würde angeben können: eine solche Rasse hat diese Fußform, eine andere jene. Aber beim Gang ist das anders. In dem haben wir einen individuellen Ausdruck. Der Gang zeigt höchstens in seinen Grundformen den Rassencharakter, sonst aber kommt das Individuelle hinein. Daher ist der Gang etwas wie die Vermittlung des Individuellen und des Allgemeinen. Sie können sehen den hüpfenden Gang des Sanguinikers, den festen des Cholerikers, den schweren Schritt des Melancholikers, den der schwere physische Leib bewirkt mit seinem überwiegenden Einfluß auf den Ätherleib, und Sie können sehen den lässigen Gang beim Phlegmatiker. In all den Eigenschaften, wo das Individuelle hineinspielt, zeigt sich, was halb individuell ist, weil es sich ausgleichen muß mit dem, was allgemein rassenhaft ist im Menschen; da spielt hinein das Temperament. Wenn wir so nun dieses Geheimnis des Temperamentes verstehen, und wie es wirkt, dann werden wir uns auf der einen Seite sagen: Oh, gerade an solchen feinen Eigentümlichkeiten des Menschen zeigt sich uns, wie wir den Menschen nur verstehen können, wenn wir ihn nicht nur dem physischen Leibe nach auffassen, sondern seiner ganzen Wesenheit nach. Und es zeigt sich uns auf der andern Seite auch, wie notwendig es da ist, alles dies zu wissen, wo wir an dem Menschen arbeiten, indem wir seine Entwicklung fördern wollen.

Wir wissen ja aus anderen Vorträgen, daß bis zum siebenten Lebensjahre des Menschen physischer Leib zur Ausprägung kommt, von da ab bis zum vierzehnten der Ätherleib, und dann der Astralleib und das Ich. So gliedern sich die einzelnen Teile ineinander. – Das sehen wir daher, wie wir das Richtige nur erfassen können, wenn wir an der eigentümlichen Art der chemischen Zusammensetzung – sozusagen der Temperamente etwas erlauschen von der eigenartigen Prägung des sich entwickelnden Menschen. Nur so können wir als Erzieher etwa, oder Ratgeber, die Menschennatur heranerziehen, wenn wir diese eigenartige, gleichsam chemische Zusammensetzung begreifen, die durch die vier Temperamente uns entgegentritt. Wahrhaft! wie jeder Mensch aus vier Gliedern zusammengesetzt ist, aus dem physischen, Äther-, Astralleib und Ich, so mischen sich die Einflüsse dieser vier und zeigen sich uns in allen möglichen Nuancen, die auf diese vier bzw. sieben Temperamente zurückzuführen sind. Und jetzt sehen wir – weil eine so vielfache Mischung sein kann – wie jeder einzelne Mensch ein Rätsel sein kann, und wie nur dann, wenn wir den Menschen lebensvoll erfassen, wir ihn begreifen können. Wenn wir jeden als Rätsel empfinden, dann stehen wir ihm erst wahrhaft richtig gegenüber. Das Temperament ist nichts Theoretisches, sondern etwas, was von Mensch zu Mensch wirkt. Wir werden nicht nur den Menschen mit dem Verstand enträtseln wollen, sondern wir werden den ganzen Menschen hinnehmen und ihn von uns als Rätsel empfinden lassen. Dann treten wir mit der vollen Achtung und Liebe dem Menschen entgegen, wenn wir seine individuellste Natur so empfinden, daß er uns zuletzt allerdings wie ein Rätsel erscheint, das wir staunend bewundern, das wir aber in unserer Empfindung, in dem, wie wir jedem einzelnen entgegentreten durch unsere Achtung und Liebe, durch unsere Wertschätzung, erfassen. Oh, es gibt auch andere Rätsel als nur solche, die man mit dem Verstande löst. Die Menschen sind alle Rätsel und sie werden nicht bloß mit dem Verstande gelöst, sondern die Art, wie wir sie schätzen, lieben, ehren und achten, wie wir ihnen mit unseren Gefühlen entgegenkommen und wie wir für sie handeln, das ist auch eine Art von Rätsellösung, und wir werden uns diese Art angewöhnen, wenn wir fühlen lernen, wie sich Individuelles mit Allgemeinem durch sein Zwischending, das Temperament, mischt.

Wahrhaft, es ist so, daß wir zwei Ströme im Menschenwesen zusammenfließen sehen, wenn der Mensch dieses Erdendasein betritt. Und wir sehen zu gleicher Zeit, daß diese Ströme zusammenwirken müssen, um das, was als Frucht durch dieses Erdendasein gezeitigt werden kann, für ein folgendes Leben mitzunehmen, in einer neuen Verkörperung auszuleben. Es ist im Menschen ein Wechselndes und ein Ewiges. Der ewige Kern steigt von Geisteswelt zu Geisteswelt; aber das, was wechselnd ist, ist nicht unnötig erlebt. Im Ausgleich zwischen Temperament und Rassencharakter schaffen wir aus unserem Ätherleib heraus die Früchte, die wir mitnehmen durch unser ganzes folgendes Leben.

Und so ist es auch für dieses Gebiet durchaus wahr, daß Freiheit gilt neben der Notwendigkeit, daß wir zwar ins Leben eintreten durch das Zusammenfließen der beiden Ströme und notwendige Gesetzmäßigkeit uns ausprägt, daß aber auch nichts vernichtet wird, was wir selbst ausprägen innerhalb unserer Individualität und dem Allgemeinen.

Freiheit und Notwendigkeit ist eben so schön, das eine wie das andere, ausgesprochen in dem Goetheschen Wort – wenn wir es nur ganz verstehen – das uns sagen soll, wie das Gesetz durch die Menschennatur durchgeht, wenn wir sehen, wie zusammenwirken die Temperamente in ihrer chemischen Mischung; dann finden wir insbesondere in diesem Geheimnis des menschlichen Temperamentes bewahrheitet das, was Goethe in den «Urworten» so schön sagt, und womit wir schließen wollen:

Wie an dem Tag, der dich der Welt verliehen,
Die Sonne stand zum Gruße der Planeten,
Bist alsobald und fort und fort gediehen,
Nach dem Gesetz, wonach du angetreten.
So mußt du sein, dir kannst du nicht entfliehen,
So sagten schon Sibyllen, so Propheten;
Und keine Zeit und keine Macht zerstückelt
Geprägte Form, die lebend sich entwickelt.

Rudolf Steiner behandelte auf dem Boden der anthroposophischen Menschenkunde zunächst Fragen der Vererbung und Vorgeburtlichkeit der menschlichen Individualität unter dem Titel «Mann und Weib im Lichte der Geisteswissenschaft». Er hielt darüber Vorträge in Stuttgart, München, Hamburg, Prag, in Berlin 1908 mit Einbeziehung des Kindes. Dieser hier folgende Vortrag bildet den siebten Vortrag im Zyklus «Die Erkenntnis der Seele und des Geistes». Der Text beruht auf Notizen eines Teilnehmers, nicht auf einem vollständigen Stenogramm.

Mann, Weib und Kind im Lichte der Geisteswissenschaft

Geisteswissenschaft ist nicht nur eine Befriedigung von Neugierde, oder edler ausgedrückt, eine Befriedigung des Forschungstriebes. Sie soll dem Menschen zugleich einen Impuls zum Leben und Handeln geben. Sicherheit und Befriedigung im Leben, Tüchtigkeit im Handeln und in der Bewältigung unserer Aufgaben soll uns schließlich aus dem herausfließen, was uns die Geisteswissenschaft bietet.

Das Kind ist gleichsam ein lebendiges Rätsel vor unseren Augen. Vorurteile in vielen Zweigen des Lebens können manchmal noch korrigiert werden, Vorurteile aber in der Erziehung des Kindes wirken oft verderblich und können häufig nicht mehr verbessert werden.

In der Dreiheit von Mann, Weib und Kind erscheint uns in gewisser Beziehung die ganze Menschheit. Im Kinde ist vieles vererbt von Mann und Weib. Es spielt also hier die Frage nach der Vererbung hinein, die eigentlich das Rätsel des Schicksals bis zu einem gewissen Grade mit umfaßt. Was hat das Kind von seinen Vorfahren empfangen? Man betrachte daraufhin etwa die Dramen von *Ibsen.* In Kunst und Wissenschaft wird die Frage nach der Vererbung überall aufgeworfen, weil man ihre Wichtigkeit und ihre praktische Bedeutung herausfühlt. Allein wir dürfen uns hier nicht täuschen lassen von den Vorurteilen, die uns vielfach suggeriert werden von den Tatsachen, die uns aus der Beobachtung der niederen Lebewesen entgegentreten. Einer der größten Fehler auf diesem Gebiete besteht darin, daß man das, was Beobachtung und Experiment uns bei Tieren und Pflanzen zeigen, oder was wir aus der Geschichte von unseren Vorfahren wissen, ohne weiteres auf den jetzigen Menschen anwendet. Geisteswissenschaft anerkennt das, was man in der Wissenschaft unter Vererbung versteht, aber sie steigt von diesen Tatsachen zu höheren auf, die sich uns erst von den Aspekten der geistigen

Welt aus eigentlich enthüllen. Es besteht eben eine Steigerung in bezug auf Gesetzmäßigkeit. Eine Grundgesetzmäßigkeit waltet durch die ganze Natur, durch Körperliches und durch Geistiges. Aber mit unseren Einsichten von den Gesetzen auf niederen Gebieten müssen wir aufsteigen zu Gesetzmäßigkeiten, die auf höheren Gebieten gelten. Diese Steigerung müssen wir unbedingt vollziehen.

In was verwandelt sich auf höheren Gebieten die Vererbung? Die Lösung dieser Frage wird uns Respekt einflößen vor dem werdenden Menschen. Es ist ein gewaltiger Unterschied zwischen den niederen Lebewesen und dem Menschen. Der Grundunterschied zwischen Mensch und anderen Lebewesen liegt in folgendem: Alles was uns Interesse beim Tier abgewinnt, schließt sich in dem Gattungs- oder Artbegriff ein. Wir haben bei den Tieren nicht dieselbe Achtung vor dem Individuum wie beim Menschen. Die Beschreibung eines Löwen ist die Beschreibung der Art der Löwen. Hier wiegt das Gattungsmäßige vor. Beim Menschen hingegen wiegt die Individualität vor. Daher ist von jedem Menschen eine Biographie möglich, selbst vom einfachsten Menschen. In dieser Tatsache liegt sehr viel verborgen, vor allem, daß der Mensch eine Gattung, eine Art für sich ist in jedem einzelnen Individuum. Im Menschen wohnt etwas, das gleichbedeutend ist einer ganzen tierischen Art.

Hieraus ergibt sich uns das Gesetz der Wiederverkörperung der Seele oder der Reinkarnation. Das menschliche Individuum ist uns aus den Vorfahren heraus durchaus unverständlich. Äußerliche Eigenschaften freilich können eventuell auf Vorfahren zurückgeführt werden, nicht aber das, was dem selbsteigenen Wesen eines Menschenindividuums angehört. Ebensowenig können wir die Gattungsindividualität irgendeines Tierwesens aus den Merkmalen ihrer Vorfahren ableiten.

Die Ursachen für die Entstehung eines lebendigen Wesens müssen immer aus Lebendigem hervorgehen. Vor wenigen Jahrhunderten noch glaubte man an Urzeugung, zum Beispiel daß aus Flußschlamm lebendige Tiere entstehen könnten. Die Seele des Menschen ist nicht aus allerlei Eigenschaften zusammengeleimt, sowenig wie ein Wurm aus gewissen anorganischen Substanzen, wie man damals meinte. Seele geht immer auf Seele zurück; und die Seele, die heute in einem Menschen wohnt, geht auf ein früheres Seelendasein zurück. Sie ist eine Wiederverkörperung, nicht aber ist sie ein Konglomerat von Eigenschaften der väterlichen und mütterlichen Seite. So ergibt sich notwendig das Gesetz der Wiederverkörperung. Von diesem Gesichtspunkte aus wollen wir Mann, Weib und Kind betrachten.

Was als die tiefere Grundlage, als die Individualität des Kindes erscheint, ist das, was sich als Seele in die Leiblichkeit eingliedert, nachdem es in einem anderen Dasein inzwischen fortgelebt hat. Mann und Weib haben dem Kinde bloß eine Hülle zu geben. Mutter- und Vaterliebe wird hierdurch keineswegs herabgewürdigt. Die Individualität eines Menschen ist schon lange vor dem Begattungsakte der Eltern da. Eine Art unbewußte Liebe führt das Kind zu diesen bestimmten Eltern hin und veranlaßt sie zur Zeugung. Als Gegengabe bringen dann die beiden Erzeuger dem Kinde ihre Elternliebe entgegen.

Für gewisse Lebewesen gliedern sich Tod und Liebe zusammen. Manche Tiere sterben nach dem Begattungsakte. Derartige Wesen weisen uns tief hinein in den Zusammenhang der Lebewesen im All und auch auf die Tatsache der Liebe. Liebe ist für den Menschen etwas, durch das er sein individuelles Dasein dem ganzen Sein widmet. Sie ist nicht nur jenes phrasenhafte Ding der Dichtung, sondern eine die ganze Natur durchwaltende Kraft. Liebe ist das Gegenbild des Egoismus. In ihr geht das Individuum gleichsam über sich hinaus. Sie ist bei vollkommeneren Wesen eine eigentliche Lebenssteigerung.

Das individuellste Wesen ist der Mensch. Die Bedeutung von Individuum und Liebe wird nur ganz verständlich durch die Betrachtung der Wesenheit des Menschen, wie sie uns durch die Geisteswissenschaft gegeben wird. Nach der Geisteswissenschaft ist der physische Leib nur ein Kleid der ganzen menschlichen Existenz. Den Ätherleib hat der Mensch gemeinsam mit dem, was lebt als Tier und Pflanze. Der Astralleib, den auch die Tiere haben, umfaßt alles Seelische, vom niedersten Trieb bis hinauf zu den höchsten moralischen Ideen.

Die Kraft des Ich hingegen besitzt er nur als Mensch, daher er als die Krone der Schöpfung gelten darf. Jene Persönlichkeit fühlte die Tiefe dieses Wortes Ich, welche sprach: Ich ist, was da ist, war und sein wird. Wahre Ich-Erkenntnis ist die höchste Form des Wissens im Dasein. Hinter dem «verschleierten Bilde zu Sais» steht die Ich-Erkenntnis. «Meinen Schleier hat noch kein Sterblicher gehoben!» Die wahre Ich-Erkenntnis ist nur derjenigen Kraft im Menschen möglich, die unsterblich ist! Nur das Übersinnliche im Menschen erkennt das Unsterbliche. Also was sterblich in uns ist, hebt den Schleier der Göttin nicht auf.

Ein deutscher Romantiker hat kühnlich gesagt: Wenn kein Sterblicher den Schleier der Isis hebt, so müssen wir eben unsterblich werden!

Bis zum ersten Zahnwechsel des Kindes bildet sich der physische Leib aus. Der Mensch wächst dann freilich noch weiter, aber dieses Wachstum ist nur ein Größerwerden der Gestalt, ein Ausweiten der Form, die er bis zum siebenten Jahre erhalten hat. Darin liegt ein wichtiger Regulator für die Erziehung. Bis zu dieser Zeit soll man vorab die physische Form des Kindes ausbilden. Tut man dies nicht, so hat man etwas für das ganze Leben des betreffenden Menschen versäumt. In der zweiten Periode bis zum Pubertätsalter bildet sich der Ätherleib aus. In der Zeit vorher war dieser freilich nicht untätig. Nur ist der Ätherleib bis zum Zahnwechsel in einer Art Mutterhülle eingeschlossen. Erst von dieser Zeit an wird er frei und kann sich entfalten. In der Geschlechtsreife ist ein Schlußpunkt der Entwicklung des Ätherleibes erreicht, und von jetzt an wird die Entwicklung des astralischen Leibes frei. Noch später beginnt die eigentliche Ausbildung des Ich.

Ein anderes Bild ergibt sich also für den Erbprozeß des Physischen, ein anderes für den Ätherleib und wieder ein anderes für den astralischen Leib.

Was der Mensch von den Vorfahren als Erbe mitbringt, liegt im physischen und im Ätherleib. Bis zur Geschlechtsreife gelangen diese vererbten Eigenschaften zur völligen Sichtbarkeit. Dann aber beginnt die Entfaltung der besonderen Individualität des Menschen, und das drückt sich in der Liebe aus. Gewisse Tierarten sterben beim Liebesakt, weil hier ihre Wesenheit aufhört und ihre individuelle Existenz zu Ende ist. Je höher die Individualität eines Wesens ist, um so mehr nimmt es mit hinüber über die Geschlechtsreife als etwas Unvergängliches. In Wirklichkeit sind da natürlich vielfache Übergänge. So rettet der Mensch sein Innenleben über das bloß Gattungsmäßige hinaus.

Durch eine Gegenüberstellung von Mensch und Stein geht uns vielleicht das Verständnis dafür am besten auf: Im Kristall kommen die äußeren Kräfte, die ihn gebildet haben, zum Abschluß. Dem Inneren des Steins drücken sie weiter nichts ein. Bei der Pflanze besteht das Wesentliche nicht in einem Vergrößern der Form, sondern nur in einer Art Wiederholung des Formprinzips, wie *Goethe* dargestellt hat. Das, was der Mensch sich erworben hat auf früheren Stufen, zeigt er nun als Wirkung seines Ich. Wie die Pflanze aus dem Boden ihre Materialien sucht und holt, um ihren Körper aufzubauen, so sucht der junge Mensch aus seinen Eltern den Boden, um seinen körperlichen Leib aufzubauen.

Hier greifen die Vorstellungen der Geheimwissenschaft unmittelbar in den Willen, in die Gefühle, ins Leben über. Das Recht der kindlichen Individualität müssen wir im tiefsten Sinne achten. Der folgenden Generation gegenüber fühlt sich der Mensch anders, wenn er die Dinge in diesem Lichte sieht.

Die Naturwissenschaft sagt dazu: Durch das männliche Prinzip gehen in den Keim eine Anzahl von Eigenschaften über, ebenso vom weiblichen Teil, von der Eizelle. Beide Gruppen von Eigenschaften müssen sich mischen im Keim. Dadurch wird die ewige Wiederkehr der gleichen Eigenschaften vermieden. Das ist der Grund für die Mischung der Eigenschaften des männlichen und weiblichen Keimteils. Hierin liegt das Wesentliche, worauf es im Haushalt der Natur ankommt.

In bezug auf die Seele aber ist unsere Naturwissenschaft das Abergläubischste, das es geben kann. Das sagt auch ein genialer Lichtblitz *Schopenhauers:* Was ins Dasein will, führt in der Liebe die menschlichen Geschlechtsindividualitäten zusammen. Solches lehrt letzten Endes auch die Geisteswissenschaft. Die Menschen werden zusammengeführt zur Zeugung durch die Generationen der Zukunft. Wird so ein jedes Kind betrachtet, haben wir ihm gegenüber kein Recht, unsere Eigenheit ihm aufzudrängen.

Der richtige Erzieher kann nur so weit die kindliche Entwicklung fördern, als er dies selber an sich gelernt hat. Das Kind ist der größte Lehrmeister des Erziehers.

Wenn der Erzieher dieses Rätsel am Kinde gründlich löst, dann ist er der beste Erzieher. Wer derlei Anschauungen mit der ganzen Seele durchdringt, dem verwandeln sie sich in Achtung für die Wesenheit des Kindes und erwecken Ehrfurcht für das, was da wächst und wird. Es erweitert sich diese Einstellung zu Pflichten gegenüber der ganzen werdenden Generation. Wir Erwachsenen sind für die werdende Generation so etwas wie ein Mutterboden, aus welchem sie sich entwickelt. Wir haben dem Kinde zu geben, was es zum Leben braucht, nicht aber dürfen wir es unter Zwang setzen, um es nach unserem eigenen Bilde zu formen, sondern wir müssen ihm eine *Freiheit* in der Entwicklung lassen und sie achten. Diese Freiheit im erst keimhaft vorhandenen Wesen zu respektieren, ist eine viel bedeutsamere Mission für den Menschen als die Achtung der Freiheit dessen, was schon da ist. Die Geisteswissenschaft bildet eine richtige Erzieherin für diese Achtung und Ehrfurcht. Sie zeigt uns das Übersinnliche und die Tatsachen, welche seit urferner Vergangenheit geistige Wesenheiten am Aufbau der Welt betätigen und damit der Menschheit helfen. Die Erkenntnis des Gestrigen befähigt uns, befriedigende Lösungen auch für das Gegenwärtige zu finden. Unser Wirken in der Gegenwart muß die Freiheit des sich entwickelnden Übersinnlichen achten. Freiheit des Übersinnlichen in dem Sinnlichen soll unsere Devise sein!

So helfen wir die Menschheit vorwärtsbringen in eine Zukunft hinein, die für uns heilsam ist und gleichsam einen Zustand der Göttlichkeit bedeutet. Ist der Blick für das Übersinnliche in der Gegenwart eröffnet, so wird uns das Vergangene erklärlich, und wir können aus ihm heraus lernen, was uns für die Zukunft nützlich und tunlich ist.

Liegt dir Gestern klar und offen,
Wirkst du Heute kräftig frei,
Kannst auch auf ein Morgen hoffen,
Das nicht minder glücklich sei.

Der Charakter kennzeichnet auf tiefgehende Weise den individuellen Menschen. Seine Natur zu durchschauen, gehört zu den wesentlichen Aufgaben einer Menschenkunde und Pädagogik. Rudolf Steiner sprach oft darüber, so z. B. in den Vortragszyklen im Berliner Architektenhaus. Aus einem dieser Zyklen, dem vom Winter 1909/10, ist der folgende Vortrag entnommen. Ihm gingen drei Vorträge über die «Mission des Zornes», die «Mission der Wahrheit» und die «Mission der Andacht» voran. Ein Parallelvortrag war der vom 14. März 1910 in München (GA 59). Mit eckigen Klammern sind Lücken in der vorhandenen Nachschrift und dadurch bedingte Zusätze des Herausgebers (siehe Quellennachweis S. 194) bezeichnet.

Der menschliche Charakter

Die letzten Vorträge dieses Zyklus waren der Betrachtung der menschlichen Seele gewidmet. Und es wird sich denjenigen der Zuhörer, die den letzten drei Vorträgen gefolgt sind, gezeigt haben, welche innere Berechtigung es hat, die menschliche Seele nicht als ein unbestimmtes, in ihren Eigenschaften durcheinanderschwimmendes Wesen zu betrachten, sondern es in sorgfältigster Weise in den einzelnen Gliederungen wirklich auch zu verfolgen. Für diejenigen, die etwa heute zum ersten Mal da sind, braucht nur hingedeutet zu werden darauf, daß diese menschliche Seele im Sinne der Geisteswissenschaft unterschieden wird in das, was wir die Empfindungsseele nennen, das sozusagen unterste der Glieder der menschlichen Seele, das noch dem, was wir die leiblichen Glieder des Menschen nennen, nahe steht. Dann ist in dieser Seele zu unterscheiden die Verstandes- oder Gemütsseele, die sich schon wie eine selbständige Wesenheit heraushebt, selbständig macht gegenüber der Empfindungsseele und dem Leibesleben, und schließlich ist noch [...] die Bewußtseinsseele anzusehen.

Wir haben darauf hingewiesen, daß das, was man heute allgemein in jeder Wissenschaft als Entwicklung betrachtet, in einem höheren Sinne als Selbstentwicklung des Menschen uns entgegentritt innerhalb dieses Seelenlebens. Der Mensch ist in Entwicklung und steht auf unterster Stufe so, daß dabei zur Geltung kommt das, was wir Empfindungsseele nennen. Bei weiterer Entwicklung kommt die Verstandes- oder Gemütsseele zur Geltung. Dann kann sich der Mensch in gewisser Weise in sich selber finden und sich durchleuchten mit dem Lichte des Denkens, Verstehens, Wissens. Dann sprechen wir von der Bewußtseinsseele. Wir haben nicht nur über diese Seelenglieder herumgeredet, sondern die Eigenschaften hervorgehoben, welche ganz besondere Formen annehmen, wenn diese Selbstentwicklung des Menschen [ernst genommen wird].

Insbesondere wurde auf eine der Eigenschaften hingewiesen, den Zorn, und gezeigt, wie in der Überwindung eines solchen Affektes Selbstentwicklung liegt. Des Menschen Wahrheitssinn [als Erzieher der Gemüts- oder Verstandesseele wurde] weiterhin gefunden, und wie dann ein besonderer Impuls für die Entwicklung der Bewußtseinsseele dasjenige ist, was wir gestern beschrieben haben als Andacht im rechten Sinne des Wortes. Als wir uns gefragt haben, was eigentlich im menschlichen Innern die Entwicklung leitet und führt, sind wir auf das gestoßen, von dem wir sagen mußten, daß es sich im wesentlichen nach zwei Seiten hin offenbaren kann: wir sind gestoßen auf das die ganze Seele durchpulsende, durchwebende Ich. Es ist das, was an der Seele arbeitet. Es muß nach zwei Seiten sich offenbaren: nach der einen Seite stark und kräftig und inhaltsvoll, reich an Gedanken, Gefühlen und Willensimpulsen, das sich [als Wesen] selbst immer mehr erweitern muß; dadurch haben wir gezeigt, wie die Selbstheit immer mehr wächst. Ferner, daß nach der anderen Seite dieses Ich, dadurch, daß es die Selbstheit in besonderer Weise zum Ausdruck bringt, in Selbstsucht und Egoismus ausarten kann. [...] So wurde uns in gewisser Beziehung das Ich Mittelpunkt des Seelenlebens.

Heute obliegt es uns nun, gerade die Arbeit dieses Ich an der Seele noch weiter zu belauschen. Was dasselbe für die einzelnen Glieder wird, wenn wir jedes derselben rein für sich betrachten, haben wir gesehen. Aber es ist auch dazu berufen, Ordnung und Harmonie im Seelenleben zu bewirken, [...] die einzelnen Glieder desselben, Empfindungs-, Verstandes- und Bewußtseinsseele, in entsprechender Weise durcheinander zu arbeiten, das eine durch das andere zu befruchten, die Empfindungsseele in die Verstandesseele und diese wieder in die Bewußtseinsseele [hineinspielen zu lassen].

Ist das Ich des Menschen nicht in der Lage, diese einzelnen Seelenglieder miteinander in Beziehung zu setzen, Ordnung, Harmonie und so weiter herzustellen, so fallen die einzelnen Seelenglieder auseinander. Das Ich muß sich kräftig erweisen durch alle einzelnen Seelenglieder hindurch und jedes einzelne in die andern in entsprechender Weise hineinspielen lassen.

Dabei können Sie sich denken, daß, indem es die einzelnen Seelenglieder ineinander spielen läßt, das Ich so spielt wie der Musiker auf einem Instrument – wenn wir auch zunächst nur drei Saiten desselben überschauen können. Aber es spielt das Ich auf den drei Saiten des Seelenlebens ganz besondere Harmonien und Melodien, je nachdem es die eine oder andere Saite mehr anschlägt, sie zugleich mit der andern anschlägt und so weiter. Je nachdem entsteht im Menschen eine ganz besondere Musik der Seele. Darin drückt sich das menschliche Seelenleben aus, wie dies Ich auf den drei Saiten des Seelenlebens spielt.

Was ist der Ausdruck dieses Spielens des Ich auf den drei Saiten des Seelenlebens? – Nichts anderes ist das dabei Herauskommende, als der menschliche Charakter. Nur der kann das, was mit dem so oft rätselvollen und uns doch auf Schritt und Tritt im Leben entgegentretenden [Phänomen des menschlichen Charakters gemeint ist], verstehen, der nicht in Frage zieht, wie dieses Ich spielt und arbeitet in dem Zusammenklingenlassen der verschiedenen Seelenglieder. Ja, wenn die einzelnen Fähigkeiten der Menschenseele, die einzelnen Betätigungen auseinanderfallen, wenn das Ich nicht gemeinsame Herrschaft ausübt, so erscheint uns der Mensch auseinanderstrebend. Dies ist das Trivialste im Charakterleben, wenn die Seelentätigkeiten nach der einen Seite so, nach der anderen Seite anders arbeiten. So kann im Leben auseinandergehen der Patriot und der Privatmann. Dann sprechen wir von keinem einheitlichen Charakter, und meinen damit, daß das Ich seine Wirkung nicht gleichmäßig verteilt auf die verschiedenen [Betätigungen der Seele].

Dieses zuweilen auftretende Unvermögen, Einklang zu schaffen zwischen den verschiedenen Betätigungen der menschlichen Seele, ist für den Künstler immer eine Art Materie für die Dichtung oder andere künstlerische Darstellung gewesen. Denken Sie an Shakespeares Hamlet; da ist eine Seelentätigkeit, die durch das Ich nicht mit dem Handeln in Einklang gebracht werden kann. Goethe hat diese Zweiteilung des Seelenlebens im Hamlet schon ausgedrückt, indem er sagte: Eine große Aufgabe ist auf eine Seele gelegt, die ihr nicht gewachsen ist.

Alle möglichen Situationen in den Kunstwerken ergeben sich

aus einem solchen Mißklang im Spiel des Ich auf dem Seeleninstrument. Alle komischen und dramatischen Situationen können auf diesen zurückgeführt werden.

Wir müssen aber das menschliche Seelenleben genauer betrachten, wenn wir voll erhärten wollen, was ich im allgemeinen gesagt habe. Das menschliche Ich arbeitet sich selber herauf von der Empfindungsseele bis in die Bewußtseinsseele hinein und kann nur so auch sich selber erfassen. Dadurch kann es sich in jedem dieser Glieder lebendig darstellen. Es kann sich noch so ausleben, daß es sich in Trieben und Begierden der Empfindungsseele äußert; es kann in der geläuterten Weise in der Verstandesseele zum Ausdruck kommen; und es kann, weiter durchdrungen vom Wissen über die Welt, von menschlichen Gedanken über die Dinge, in der Bewußtseinsseele sich ausdrücken – jedesmal werden wir dabei finden, daß uns da eine ganz besondere Form dessen, was wir den Charakter nennen, entgegentritt. So sehen wir, wie das Ich ganz leben kann in der Bewußtseinsseele. Wenn es dieses Leben in der Bewußtseinsseele betont, ist es tätig an dem innersten Gliede des menschlichen Seelenlebens, das in sich selber verbergen kann seine Anregungen von der Außenwelt. Wenn es seine Arbeit in der Bewußtseinsseele betont, so entsteht das, was wir den in sich verborgenen, den verschlossenen Charakter nennen. Ihm können wir nicht beikommen, weil die Bewußtseinsseele sich der Außenwelt entzieht. Wir können daher wie durch eine Scheidewand von einem Menschen geschieden sein. Sein Ich ist in die Bewußtseinsseele eingesperrt.

Weiter kann das Ich sich betätigen und ausleben in dem, was wir Verstandes- oder Gemütsseele nennen. Dadurch entsteht der bildsame Charakter, die Mitte haltend zwischen den beiden anderen. So gibt das Ich das, was man Gleichmaß der Seelenkräfte nennen könnte. Solche Menschen, welche ihr Ich innerhalb der Verstandesseele betätigen, sind die, welche bedacht sind, sich von der Außenwelt anregen zu lassen, aber auch bedacht darin, diese Eindrücke im Dienste des eigenen Selbstes zu verarbeiten, sich immer mehr und mehr heranzubilden durch die Eindrücke der Außenwelt, durch das, was von ihr gehört, gesehen, gewußt wird.

Man muß, wenn man erzieherisch wirken will, dieses Wirken des Ich in der Verstandes- oder Gemütsseele kennen. Wenn eine solche Anlage im Menschen vorhanden ist, muß man sehen, daß man nach der einen oder anderen Seite das richtige tut. Solches sind die bildsamsten Menschen, leicht hingegeben an das ihnen in der Umgebung Entgegentretende, und sie verwenden es im Sinne ihrer eigenen Emporbildung.

Wenn das Ich sich aber auslebt in der Empfindungsseele, so betätigt es sich in der Weise, daß es das, was in der Empfindungsseele ist, seine Triebe und so weiter, gerne wohl nach außen kehrt. Sobald das Ich anfängt, tätig zu sein in der Empfindungsseele, entsteht der Wille zum Wirken nach außen. Wir haben die Menschen vor uns, die vorzugsweise zu einem aktiven Charakter neigen, die immer dafür zu haben sind, dies oder jenes zu tun. Wenn es ins Extrem geht, werden sie die geschäftigen Menschen.

So sehen wir, wie der Mensch sich äußert, wenn das Ich die eine oder andere Saite anschlägt. Wir können auch sagen, das Ich des Menschen betätigt sich zunächst so, daß es selber wie verborgen in der Empfindungsseele drinnen ruht, nämlich bei jungen Menschen oder auf niedriger Kulturstufe. Dort ist das Ich in der Empfindungsseele verschlossen, es hat noch nicht die Möglichkeit, in die Verstandesseele heraufzusteigen, [und seine Tätigkeiten zeigen,] wie es in gewisser Weise unbewußt in der Empfindungsseele sich äußert. In diesem Falle sprechen wir wohl von einem Charakter, der auf niedriger Stufe steht, niedrige Triebe und Begierden zum Ausdruck bringt.

Dieser unterscheidet sich von dem Charakter, wo das Ich schon in die Bewußtseinsseele hinaufgestiegen ist, sich aber dennoch äußert in der Empfindungsseele. Dann trägt das Ich das, was es innerhalb der [Bewußtseinsseele gelernt hat, in die Empfindungsseele;] dann folgt es seinen Trieben, Begierden, aber mit dem, was es durch die Bewußtseinsseele gelernt hat. Und weil es ihnen hiermit folgt, so erscheint ein solcher Mensch im Leben so, daß wir sagen: Ach, der geht doch nur seinen Trieben und Begierden nach, doch so, daß er in kluger, raffinierter Weise ihnen nachgeht. Sein Charakter ist zugleich von niederer Gesinnung durchströmt [und kluger Überlegung. Es gibt dem] Charakter höheren Sinn, wenn der Mensch mit der Gesinnung so hoch steigt wie mit dem Wissen.

Dieses wunderbare Phänomen des menschlichen Charakters müssen wir begreifen wie eine Art von innerer Seelenmusik, von einem Spiel des Ich auf den verschiedenen Saiten des menschlichen Seelenlebens. Nun spielt es nicht nur im allgemeinen mit den Seelengliedern, sondern in all dem, was in diesen einzelnen Seelenteilen des Menschen vorhanden ist. Wir sehen zum Beispiel eine solche Seeleneigenschaft als einen Affekt der Empfindungsseele: den Zorn. Wenn das Ich wenig entwickelt ist, nicht hinaufgestiegen ist in die höheren Regionen des Seelenlebens, gibt es sich dem Zorn hin; dann finden wir solch einen Zornesausbruch, der uns zeigt, wie ein sich seiner selbst unbewußtes Ich in die Welt hinausstürmt. Es hat sich nicht in seiner Gewalt, weil es in einer gewissen Beziehung unentwickelt geblieben ist, sich nicht in der Hand hat, wenn es vom Zorne übermannt ist. Man stelle sich einen Lehrer einem Schüler gegenüber vor: Der Schüler hat an einem Nebenschüler etwas Unrechtes bemerkt, so daß er dem Nebenschüler im Zorn eine herunterhaut mit einem Buche. Da kann der Lehrer ein Mensch sein, der die Verstandesseele und die Bewußtseinsseele entwickelt hat, doch in diesem Augenblick kann auch ihn der Zorn übermannen. Da haut der Lehrer dem Buben ein paar links und rechts herunter. Wenn die Zornesaufwallung kommt, so unterdrückt [sie nur ein sehr beherrschter Mensch]. – Das Aufhalten des Ich in der Empfindungsseele gibt sich kund wie in einer Wut. Das ist das Extrem des Zornes, wenn das Ich fast versinkt im Zorn und der Zustand der Seele einer Ohnmacht ähnlich wird. Dann entsteht die Wut. Das Ich kann nicht Sieger werden über den Zorn. Wird es Sieger, so wird der Zorn, dadurch, daß er besiegt wird, in der richtigen Weise zum Erzieher, auf dem Umwege durch das Ich selber, wenn das Ich sich nicht vom Affekte übermannen läßt, Selbstbeherrschung übt. In der Empfindungsseele hat das Ich an seiner eigenen Bildung das zu leisten, was wir Erziehung zur Selbstbeherrschung nennen. Auf der einen Seite die blind ausbrechende Wut, auf der anderen Seite die Selbstbeherrschung, die durch edle Selbsterziehung erreicht wird.

Nehmen wir weiter das Ich, das in der Verstandes- oder Gemütsseele ist. An ihm zeigt sich die Mission des Wahrheitsgefühles. Es besteht darin, daß der Mensch an der Wahrheit etwas hat, was er in seinem eigenen Innern pflegen darf. [Die Wahrheit kann er] nur in seinem eigenen Innern verarbeiten, um da höchste Kraft des Ich in der Innerlichkeit zu entfalten. Zugleich aber führt sie uns mit der gesamten Menschheit und mit der Welt zusammen. Wir sehen in der Pflege der Wahrheit etwas, woran das Ich zur Selbstheit und Selbststärke sich entwickeln kann, und dadurch zugleich zur Selbstlosigkeit.

Aber die eine oder die andere Saite können in unrichtiger Weise angeschlagen werden. Es kann doch vorkommen, daß das Ich sich in gewisser Weise vergreift, oder da, wo es stark wirken sollte, schwach wirkt. Wenn es sich innerhalb der Verstandesseele vergreift, dann entsteht das, woran sich zeigt, daß selbst ein Edelstes im Menschenleben verzerrt werden kann, zur Karikatur werden kann, wenn das Ich in dem, was es als Wahrheit erkannt hat, sich verliert. Wenn das Ich in der Wahrheit untergeht, dann kann folgendes eintreten: Weil der Mensch nicht imstande ist, ein umfassendes Gebiet der Wahrheit nach allen Seiten zu beherrschen, und nur einen Teil der Wahrheit beherrschen kann, so kann das Ich, wenn es sich darin verliert, sich selber vergessen und blind drauflos wüten in seinem eingeschränkten Kreis der Wahrheit. Dann wird es zum Fanatiker, und es tritt uns entgegen, was im Leben als der fanatische Charakter bezeichnet wird.

Dieser hat sein Gegenbild dann, wenn das Ich mit richtiger Stärke nicht nur sich der Wahrheit hingibt, sondern auch in richtiger Weise in sich selber hineinschaut und darauf aufmerksam wird, daß der Mensch auch irren kann. Wenn das Ich sich nicht etwa in der Wahrheit verliert, sondern immer sich selber schaut im Verstand und im Gemüt, so kann der Fanatiker nicht entstehen. Indem das Ich immer mehr diese Selbstprüfung nach den Eigenschaften des Verstandes und Gemütes übt, erlangt es das, was man innerhalb der Charakterologie gesundes Selbstgefühl oder gesundes Selbstbewußtsein nennt, verbunden mit richtiger Selbstkritik, die das Gleichmaß halten läßt in bezug auf erkannte Wahrheiten und die Möglichkeit des Irrtums auf der andern Seite.

Dann [...] zu dem, was am meisten beiträgt zu dem Hinaufentwickeln der Seele in die Bewußtseinsseele hinein, zur Andacht. Auch hier kann das Ich falsch oder richtig die Saite anschlagen. Es kann sich verlieren in der Andacht, sich aufgeben in der Hingebung an das andere und Unbekannte. Dann haben wir es zu tun mit dem sich selbst verlierenden Ich, mit der falschen Heiligkeit des Menschen, die einer Art von Selbstertötung gleichkommt. Wenn das Ich aber in richtiger Weise diese Eigenschaft der Bewußtseinsseele anklingen läßt, wenn es stark hineinwirkt mit seinem Selbst in die Andacht, so kommen wir zu dem, was man berechtigte Selbstachtung und Selbsterkenntnis nennen kann.

So sehen wir, wie das Ich in der verschiedensten Weise sich zum Ausdruck bringt. Es ist der Vereiniger der einzelnen Glieder des menschlichen Seelenlebens. Und daß der Mensch nicht in Stücke auseinanderfällt, wird bewirkt durch die eben geschilderte charakterologische Tätigkeit des Ich an den einzelnen Seelengliedern. Wenn das Ich aber nicht die Herrschaft behält über die einzelnen Seelenglieder, so tritt das ein, daß uns der Mensch wie zerstückelt erscheint, daß das Ich hinuntersinkt und nicht mehr gesehen werden kann: Charakterlosigkeit, Hingegebensein an die Dämonen seiner eigenen Seele; der Mensch wird hin und her gerissen von Trieben und Gefühlen, Gedanken, die ihn zur Verzweiflung bringen, [...] und so weiter.

Ich habe schon in einem Beispiel aus der Kunst auf das Verlieren der Herrschaft über die einzelnen Teile hingewiesen, wo das Ich hinuntergesunken ist in den Selbstverlust. Dieses Kunstwerk ist der berühmte Laokoon: ein Priester mit seinen zwei Söhnen dastehend und umwunden von den Schlangen. Viele Menschen haben danach gestrebt, dieses Kunstwerk sich zum Verständnis zu bringen. [Größere Lücke; wohl Beschreibung des «Laokoon».] Im Verständnis dieses Kunstwerkes haben selbst die, welche sich ihm mit Ergebung gewidmet haben, manch Irrtümliches gesagt. *Winckelmann*, der in der Kunstbetrachtung Lehrer Lessings und Goethes geworden ist, er betrachtete den Laokoon so, daß er sagte, es sei besonders schön, daß hier die höchste Adelung des Schmerzes stattfinde. Er sieht die Seele in ihrer Hoheit im Laokoon, der im Augenblick vor dem Tode seine volle Seelenkraft zusammennehme; und in dem Gesichte, nämlich in den Augen, könne man sehen, wie die inneren Seelenkräfte hier zu einem Höchsten hinaufschauen. Der Vater mit den Erbarmen aussprechenden Augen zeige, daß Mitleid mit seinen Söhnen den Sieg über den Schmerz davontrage.

Diese Schilderung scheitert vor dem Anblick des Kunstwerkes. Schon in einem Abguß läßt es sich sehen. Wenn man das Auge so beurteilen will, so scheitert dies daran, daß das Auge nach oben gerichtet ist, und der Laokoon keinen seiner Söhne sieht. [Das Mitleid mit den Söhnen ist] nicht zu sehen, da Winckelmann es hineingedichtet hat. Doch zeigt sich diese Gruppe vom Lichte des Verständnisses durchleuchtet, wenn man sieht, was da ist: Dieser Laokoon mit dem eingezogenen Unterleib, mit der heraustretenden Brust, mit den nach oben gerichteten umflorten Augen, den sich sträubenden Haaren – wenn wir das alles sehen, so ist uns klar, da ist die Wirkung des Menschen nicht mehr durchdrungen von dem Ich-Bewußtsein, sondern wir stehen vor dem Momente, wo dieses Ich-Bewußtsein geschwunden ist. Eben ist das Ich herausgefahren, und in diesem Augenblick folgt er nicht mehr der Wirkung des Ich, das die starken Zügel in bezug auf die Äußerungen des Seelenlebens halten würde. Einzelne Glieder gehen ihre eigenen Wege. [Der Schmerz] zieht den Unterleib ein, der Oberleib ist heraustretend, andere Glieder gehen ihre eigenen Wege; alles wird auseinandergerissen. Durch die Entseelung, die eben eingetreten ist, zeigt sich, was der Mensch ist, wenn wirklich das Ich unterdrückt wird, und die einzelnen kräftigen Glieder in letztem Aufzucken ihre eigenen Wege gehen.

Wenn wir ein solches Kunstwerk vor uns haben, ist es ein negatives Symbolum dafür, wie das Ich sein muß, das dieses Zusammenspiel der einzelnen Seelenglieder bewirkt. Indem wir so den menschlichen Charakter betrachten, können wir viel gewinnen für das Verständnis des Lebens, aber auch mancherlei, was der Erzieher braucht, wenn er den menschlichen Charakter nach und nach herausentwickeln will. Wir werden das Leben verstehen, wenn wir uns fragen: Was ist denn das Eigenartige des menschlichen Charakters selber?

Wenn wir den tierischen Charakter betrachten, so können wir sagen: Das Tier kommt mit fertigem Charakter in die Welt, er bleibt durch die ganze Lebenszeit des Tieres bestehen. Was am Anfang ist, das ist auch am Ende: ein bestimmt ausgesprochener Gattungs- oder Artcharakter. Wenn man *eine* Hyäne charakterisiert, so hat man *alle* charakterisiert. Warum ist das so? Das ist deshalb, weil das Tier in gewisser Weise keine Geschichte hat und nicht das Element der Zeit in sein Leben aufnimmt. Es können nicht die Erfahrungen der Jugendzeit zum Gelernten werden und in die späteren Entwicklungselemente hineingetragen werden.

Der Mensch nimmt in sein Seelenleben das auf, was wir Zeit nennen. Das Ich entwickelt den verborgenen Keim nach und nach heraus, die seelischen Eigentümlichkeiten aus der Empfindungsseele, aus der Verstandesseele herauf bis in die Bewußtseinsseele hinein. So tritt uns das Kind in anderer Weise entgegen in bezug auf den Charakter, als ein junges Tier. Dieses übt von den ersten Zeiten an die Betätigungen, die ihm vermöge seiner Art obliegen. Der Mensch tritt in gewisser Beziehung charakterlos in die Welt. Die einzelnen Formen, selbst die in seiner Anlage begründeten, selbst das, was sich der Mensch erwirbt dadurch, daß er von andern bearbeitet wird, alles das, was im späteren Leben auftritt, muß durch die Zeit erworben werden. Zunächst ist der Mensch bestimmbar in bezug auf sein Charakterleben. Wir können in ihn hineinarbeiten, [aber wir können] nicht ein Wort gebrauchen, welches das Kind bezeichnet in bezug auf Charakter; das Kind hat noch nicht Charakter. Indem es in den einzelnen Betätigungen sich anders zeigt als ein anderes Kind, so hat es doch keinen Charakter, wohl aber eine Individualität. Das Ich hat eben noch nicht die Selbstentwicklung in die Hand genommen. Es ist noch unter die Empfindungsseele hineingedrückt, noch im Verborgensten enthalten. Solange es sich noch nicht zur Betätigung, zum inneren Spiel auf den Saiten des Seeleninstrumentes entwickelt hat, solange ist es noch nur eine Individualität, nicht ein Charakter. Erst dann beginnt die Charakteranlage herauszutreten, wenn das Ich anfängt, sich seiner selbst, zunächst dunkel, bewußt zu werden. Dann tritt im Verlaufe des Lebens immer mehr diese Selbsterziehung durch das Ich ein.

Erziehen aber wird man den Menschen nur dann in richtiger Weise, wenn man beachtet: Ist es ein Ich, welches geneigt ist, unten in der Empfindungsseele zu wühlen, oder eines, welches die Eigenschaften besonders der Verstandesseele oder der Bewußtseinsseele zum Ausdruck bringen will. Hier hat man mit einem begrenzenden Blicke dafür zu sorgen, daß die verschiedenen Tätigkeiten des Ich in richtiger Weise angeregt werden. Sieht man, daß das Kind veranlagt ist, sich selber zu verlieren in den einzelnen Betätigungen, daß es im schlimmen Sinne zur Selbstlosigkeit hinneigt, dann ist es gut, wenn man so früh als möglich beginnt, diesem Kinde die Begriffe von Menschenwürde und Menschenbedeutung beizubringen. Man wird dann schlecht erziehen, wenn man hier den Egoismus aufstachelt, an den Egoismus des Kindes appelliert. Man wird gut erziehen, wenn man ihm allgemeine Begriffe beibringt, was ein Mensch ist und in der Welt bedeutet.

Wenn in der Gemütsseele das Lebensgefühl stark entwickelt ist, kann es ja auch übersprudeln, an Unwertes sich verlieren. In diesem Falle, wenn es an Unwertes sich verlieren will, dann muß man bei einem solchen heranwachsenden Menschen dafür sorgen, daß er sich richtige Begriffe von der Welt, von den Dingen und Wesenheiten macht, um sie gegeneinander richtig abzuschätzen. Man muß dafür sorgen, daß er eine richtige Wertschätzung der Dinge lernt.

So müssen wir als Erzieher dasjenige tun, wodurch wir die Arbeit des Ich herüberleiten auf die unberücksichtigte Seite. Wir haben in bezug auf den Charakter eine ausgleichende, harmonisierende Arbeit zu leisten, doch zuerst für das eigentümliche Spiel des Ich an den verschiedenen Teilen der Seele [Verständnis zu erwerben].

So sehen wir, wie berechtigt es war, das Wort Charakter zu bilden, das heißt nämlich «Prägung». Eine bestimmte Prägung und Formung erhält das ganze Seelenleben durch dieses Ich. Wie der Mensch dann selbst auf das Leben wirkt, zeigt sich am besten, wenn wir verstehen, wie das Ich in den einzelnen Gliedern der Seele sich betätigt und wie diese zusammenspielen.

Nun ist etwas noch ganz besonders zu beachten. Ich habe gesagt, daß das Ich die Seele bis herauf zur Bewußtseinsseele erzieht. Ist diese Erziehung hiermit vollendet? Sie ist damit noch nicht abgeschlossen. Dann tritt erst das ein, was in bezug auf Charakterentwicklung wichtig ist im Menschenleben. Dann erst ist ihm in der Bewußtseinsseele zugänglich, was aus einer höheren Welt in die menschliche Seele hineinragen kann. Was kann da hineinragen, zunächst in die Bewußtseinsseele?

Vor allem wichtig in bezug auf den Charakter sind die moralischen Begriffe und Ideen, die wir im Leben draußen nicht finden. Da finden wir Triebe und Instinkte, worin ein Ich arbeitet, das im Blinden steckt. Dem Leben können wir nicht unsere [Vernunfteinsichten] und Ideale und moralischen Urteile abgewinnen. Diese müssen wir erst ins Leben hineintragen. Diese muß die Menschenseele wie eine Eingebung aus anderer Welt empfangen und ins Leben hineinzutragen versuchen; doch nicht so ohne weiteres.

In der menschlichen Seele leuchtet der sittliche Imperativ auf, [leuchten auf] die großen Ideale, durch die wir das Leben vorwärts bringen können, und die das Leben noch nicht hat und der Mensch erst hineinzubringen hat. Da erfaßt das Ich dieses Licht aus einer anderen Welt, an den moralischen Begriffen und Idealen. In die Bewußtseinsseele strömen sie zuerst hinein; das Ich erfaßt sie. Früher [vollzog sich die] Entwicklung von unten nach oben; jetzt, wenn das Ich diese moralischen Urteile und Ideale gewonnen hat, so trägt es sie wieder hinunter in die Verstandesseele, wandelt den moralischen Gedanken in das moralische Gefühl um. Das moralische Gefühl ist in der Gemütsseele das, was in der Bewußtseinsseele [moralischer Begriff] war. Wenn so ein moralischer Begriff in die Gemütsseele hinuntergebracht ist, so erglühen wir bei einer moralischen Tat. Dann haben wir Sympathie für das, was um uns vorgeht. Immer mehr drängen sich die moralischen Urteile und Gedanken hinunter und werden zu Gefühlen. Wir entflammen für das, was aus hohen moralischen Idealen heraus geschieht. Dadurch, daß das Ich aus der Bewußtseinsseele moralische Urteile und Ideale hinunter trägt, werden wir veranlaßt, zu erglühen für das Gute, Sympathie mit dem Edlen und Großen zu empfinden.

Aber das Ich muß diese Ideale auch in die Empfindungsseele hinuntertragen. Dort bearbeiten die moralischen Ideale auch unsere Triebe, Instinkte und Leidenschaften und machen sie zu etwas ganz anderem. Nach und nach ergießt sich in dieses Triebleben das moralische Ideal, der Trieb wirkt nun als Kraft, und das moralische Ideal bekommt Gewalt, sich zu verwirklichen. Der Trieb hat seine Triebnatur aufgegeben und was in ihm als Kraft ist, wird zum Träger des moralischen Urteils und Ideals. So werden wir im Leben zu handelnden Menschen, die nicht bloß Triebe und Leidenschaften ausleben, sondern zu solchen, die das Licht der moralischen Ideale hinuntertragen, so daß in ihnen kein Widerspruch besteht zwischen dem, worin sie die Leidenschaften tragen, und dem, was da leuchtet als moralische Urteile und Ideale. So trägt das Ich wieder hinunter in die unteren Regionen des Seelenlebens, was es oben gewonnen hat. So durchwärmt es die Seele mit dem in der Bewußtseinsseele Gewonnenen.

Dadurch, daß das Ich sich in die Bewußtseinsseele hinaufentwickelt, wird der Mensch ein Charakter. Dadurch, daß er es wieder herunter trägt in die unteren Glieder, wird der Mensch ein moralischer, ein sittlicher Charakter. Dieses Hinaufstreben und wieder Heruntertragen des Gewonnenen, [...] so verstehen wir, was Charakter ist, was sittlicher Charakter ist.

Dem Menschen gibt das [Arbeiten des Ich an den Seelengliedern] das Gepräge so weit, daß es sich [in der Leiblichkeit] ausdrückt. Wie sich die Seele in der äußeren Leiblichkeit überhaupt ausdrückt, so drückt sich diese Arbeit des Ich an den Seelengliedern aus in der äußeren Leiblichkeit. Wir können dies verfolgen bis in Einzelheiten hinein und sind frappiert, wie das Ich in der äußeren Leiblichkeit des Menschen zum Vorschein kommt. Da sehen wir, wie das Ich in der Bewußtseinsseele arbeitet. Wenn dieses Arbeiten sich äußerlich ausdrückt, so an dem, was im Äußeren zur höchsten menschlichen Betätigung gehört. Was den Menschen über das Tier hinaus hebt, ist die freie Beweglichkeit seiner Glieder und die Unterordnung seiner Glieder unter die Empfindungen und Begriffe seines Seelenlebens. Eine Bewegung, die das innere Seelenleben besonders ausdrückt, ist die Mimik [und Gestik]. Wir sehen, wie besonders sich die [Betätigung] einer Seele in dem mimischen [und gestischen] Ausdruck eine äußere Prägung verschafft. Derjenige, der den mimischen Ausdruck, die Gebärden des Menschen in der richtigen Weise zu deuten vermag, der sieht, wie sich in der äußeren Leiblichkeit das ganze Spiel des Ich auf den verschiedenen Seelengliedern in der äußeren Gebärde zeigt. Wenn zum Beispiel das Ich in der Bewußtseinsseele sich betätigt, aber da hinaufgeschleppt hat, was es eigentlich in der Empfindungsseele ist, und solches hinaufspielen läßt in die Bewußtseinsseele, so drückt sich das in der Art aus, von der man sagen kann: Der Mensch lebt in seinen Empfindungen, bringt dies zum Bewußtsein und drückt es aus. Das kommt äußerlich zum Ausdruck dadurch, daß sich der Mensch höchst behaglich etwa nach einer Mahlzeit an den Unterleib klopft.

Nehmen Sie an, es wird das, was besonders in der Gemütsseele sich regt und wodurch das Ich von der Gemütsseele angeregt wird, besonders entwickelt und kommt äußerlich in der Geste zum Ausdruck: der Mensch greift sich dann an das Herz. So steigt er herauf an seinem eigenen Leib, indem er mit seinem Ich heraufsteigt und indem dieses Ich in immer höheren Gliedern spielt. Drückt sich das Ich so aus, daß es nur die Bewußtseinsseele ausdrückt und von den andern Teilen nicht berührt ist, nur die Bewußtseinsseele, wo die Gedanken, das Wissen dominieren, wo menschliches Unterscheidungsvermögen zum Ausdruck kommt – wenn der Mensch scharf über etwas nachdenkt und so nachdenkt, daß er etwas analysieren will – dann legt er den Finger an die Nase, um gleichsam sein Gesicht in zwei Teile zu zerlegen. Es prägt sich aus das, was in der Bewußtseinsseele gearbeitet wird. Der Charakter spiegelt sich in der äußeren Geste durch Kratzen hinter dem Ohr, oder durch Greifen an den Kopf, wenn einem etwas nicht einfällt.

Im ganzen Spiel des Mimischen kommt zum Ausdruck das Heraufgehen äußerlich wie das Heraufgehen im Seelenleben. Wenn der Mensch ein Urteil fällt und irgend etwas verneinen will, so kann in der Bewußtseinsseele dieses Menschen das dadurch ausgedrückt werden, daß er ruhig urteilt. Eine ohne Emotion vorgebrachte Verneinung ist dann eine Bewegung mit dem Kopfe einfach nach links und rechts. Wenn er aber mit dem Willen verneint, so wirft er den Kopf nach rückwärts.

Insbesondere ist es interessant, den äußeren Gestus bei verschiedenen Nationen zu studieren. Hier könnte man das Spiel des Ich erkennen, wenn man fragen würde: Wie drückt die eine oder andere Nation die Verneinung aus und so weiter. Hier sehen wir, wie im mimischen Spiel der Charakter zum Ausdruck kommt, zur Prägung gelangt.

Wenn das Ich die anderen Seelenglieder in die Verstandesseele hineinspielen läßt, so prägt sich dies so aus, daß es in der menschlichen Physiognomie zum Ausdruck kommt. Was wir den Menschen am Gesichte ablesen, ist der Ausdruck des Arbeitens des Ich an Verstandes- oder Gemütsseele, wohin das Ich die andern Seelenglieder arbeiten läßt. Nun haben wir gesagt, daß der Mensch, wo das Ich besonders in der Gemütsseele spielt, einen bildsamen Charakter bekommt; daher wird sich diese Bildsamkeit auch äußerlich zeigen. Diese Bildsamkeit, die zur Zeit, zur Geschichte gehört, können wir ablesen von der Physiognomie: ein gramdurchfurchtes Gesicht. Hier ist die Geschichte eines Menschen eingeprägt, die Schrift dessen, was der Mensch in seinem Schicksal erfahren hat.

Bei der tierischen Physiognomie kann man wunderbar den tierischen Art- oder Gattungscharakter beobachten. Was ein [einzelner] Mensch erlitten hat, was aus ihm geworden ist, [kann man sehen], wenn man die menschliche Physiognomie beobachtet. Darin ist seine Geschichte geschrieben. Im tieferen Sinne drücken sich im Gesichtsausdruck auch die verschiedenen Anlagen des Charakters in besonderer Weise aus. Doch darf man dabei kein Pedant sein; denn es kann alles auch durch andere Wirkung ausgeglichen werden.

So können wir beim Menschen unterscheiden im Antlitz den mentalen* Teil, den unteren Teil um Mund und Kinn, dann den

* mentum = das Kinn.

nasalen Teil und den frontalen Teil oder Stirnteil. Je nachdem das Ich in die Verstandesseele [besonders hineinwirkt], in die Empfindungsseele oder in die Bewußtseinsseele, drückt sich dies in verschiedenster Weise aus. Ein Mensch, der seine Eigenheit nur durch die Empfindungsseele betätigt, wird häufig durch das spitz hervorstechende Kinn zum Ausdruck gebracht.

Alles, was im Leben geschieht, ist an dem mittleren Teil am stärksten ausgeprägt. Wenn das Ich die Gemütsseele besonders anschlägt, von oben die Bewußtseinsseele und von unten die Empfindungsseele spielen läßt, wenn ein Gleichmaß in der Verstandesseele ist, dann ist das in der physiognomischen Gestalt so ausgedrückt, daß der mittlere Teil des Gesichts einen besonderen Ausdruck hat. Ein solches Gleichmaß im Seelenleben findet der, der das Leben beobachten kann, bei den Griechen. [...] Im Griechentum wird das ganze menschliche Antlitz auf die menschliche Nase hin [konzentriert].

Der Charakter, den das Ich in der Seele geprägt hat, wird dem menschlichen Körper aufgedrückt. Wenn insbesondere die Bewußtseinsseele in die Verstandesseele hinuntergedrückt wird, erhält die Stirn eine besondere Form. Man darf nur diese Dinge nicht übertreiben, sondern muß sich klar sein, daß das Ich in jedem Menschen individuell arbeitet. Wenn Pedanterie hier eingreift, so werden solche Dinge verzerrt. Es muß abstoßen, wenn eine pedantische Schulfuchserei an sie herantritt. Hier unterscheidet nicht abstrakte Urteilskraft, sondern wissenschaftlicher Takt. Dieser geht nicht immer in richtiger Weise vor, und es kommt mancherlei Törichtes zustande, wenn man diese Dinge übertreibt.

Wenn das Ich in der Verstandesseele sich betätigt, [dann prägt] das Ich diese nicht nur in die Physiognomie, nicht nur in die Leiblichkeit, sondern auch in die Schrift hinein. Charakter und Gepräge der Schrift sind in gewisser Weise ein Spiegelbild des Arbeitens des Ich in der Verstandesseele. Hier freilich [ist der Deutungs-] Trieb recht gefährlich. Wenn nicht gesunde Allseitigkeit in der Beurteilung sich geltend macht, so kommt Dilettantismus oder Humbug in der Schriftdeutung heraus. Damit wird nicht abgelehnt, sondern aus höherem Gesichtspunkte gerechtfertigt, daß wirklich der Charakter in die Schrift einfließen kann.

So kann man auch verstehen, weil es sich bei der Gemütsseele um den bildsamen Charakter handelt, die Veränderungen der Schriftzüge. [Man muß sie] durch verschiedene Jahre beobachten und kann sich dadurch ein Bild von der Veränderung seines Charakters machen; [das ist sinnvoller] als wenn man aus einer einzelnen Schrift dies gemacht hat. Ohne das Lebensalter zu kennen, [kann] hier auch nichts Ordentliches herauskommen. Wenn man in diesen Sachen kundig ist, kann man sogar eher aus gewissen Charaktermerkmalen der Schrift heraus auf frühere Erlebnisse schließen, als daß man den Charakterzug selber aus der Schrift heraus lesen könnte. Doch nur bei richtigem Takt kann Richtiges herauskommen.

Was geschieht, wenn das Ich vorzugsweise arbeitet an der Empfindungsseele, aber als ein starkes Ich, das innerlich an der Menschenseele arbeitet? Da ist insbesondere der Fall von Bedeutung, der uns dieses Ich zeigt auf der Stufe, wo es erleuchtet ist von den moralischen Urteilen und Idealen. Aber wenn das Ich nun hinuntergetragen hat in die Empfindungsseele moralische Ideale und Urteile, und die Triebe und Leidenschaften geläutert sind und den moralischen Idealen Kraft geben, – wie drückt sich dies in der äußeren Körperlichkeit aus?

Wenn das Ich so gearbeitet hat, dann kann dies zunächst nicht äußerlich ausgedrückt werden. Was da aus den Höhen der Bewußtseinsseele heruntergeholt wird, muß von der Bewußtseinsseele durchdrungen bleiben, müßte sich ausdrücken in dem physischen Werkzeug der Bewußtseinsseele, im menschlichen Gehirn. Doch ist nicht die Möglichkeit, infolge der festen Schädelkapsel, in der Schädeldecke dies zum Ausdruck zu bringen. Es kann die einzelnen Knochen, die verhärtet sind, nicht mehr entsprechend umformen. Da tritt das ein, daß wir den Menschen mit den verschiedenartigsten Formungen der Schädeldecke veranlagt sehen. Er hat die Schädeldecke mit den verschiedensten Erhöhungen und Vertiefungen geformt. So lange im Leben die Schädeldecke fest ist, kann das, was der Charakter ausgebildet hat, nicht darin spielen.

Hier sind wir an dem Punkte, wo wir eine vernünftige Erklärung erhalten von einer Erscheinung, wenn wir uns berufen auf das, was in seinem Zusammenhang später besprochen werden soll, wenn wir uns auf die Wiederverkörperung der Menschenseele berufen. Was in einem bestimmten Leben die Seele nicht kann, kommt zum Vorschein, wenn die Seele wiedergeboren wird. Da prägt sich in den weichen Organismus das hinein, was der Charakter an moralischen Urteilen und Idealen aufgenommen hat in der Empfindungsseele. Dies erscheint in der plastischen Bildung der menschlichen Schädeldecke.

Wenn wir diesen Menschenschädel betrachten, eine Art Kraniologie treiben, können wir zurückschauen auf des Menschen vorhergehende Verkörperung. Da bekommen wir das, was sehr unähnlich ist dem, was man durch viele Zeiten hindurch als Phrenologie getrieben hat. Hier hat man alles mögliche als Anlage entdeckt. Ein Überblick darüber zeigt uns, wie ohnmächtig hier das menschliche Wissen ist, wenn es nicht in die Tiefe hineingeht. Was wir an der Schädeldecke sehen, läßt sich nicht in einzelne Formen bringen, sondern es ist das Ergebnis der Arbeit des Ich an der Empfindungsseele in einem früheren Leben. Das ist durchaus individuell, nicht aus einer Klassifizierung zu erklären. Was sich ein Mensch in einem Leben erworben hat, daß er nicht in sich verschlossen geblieben ist, sondern die moralischen Ideale in sich hat wirken lassen, tritt in einer späteren Verkörperung wieder auf.

So prägt sich das, was Geist und Seele ist, in der äußeren Leiblichkeit aus, und der Leib wird ein Spiegelbild des Geistes, wird selbst ein Charakter. Phrenologie kann, wenn sie nicht in dieser Weise auf die Dinge eingehen will, zur Torheit werden. Wenn wir aber so die Dinge betrachten, sehen wir das, was Goethe die schöpferische Natur nennt, im Gegensatz zur geschaffenen. So erfassen wir das den Kosmos durchwebende Werden des Geistes, das sich in der äußeren Erscheinung ausprägt.

Hier sehen wir, wie der Charakter sich bildet und das Ich die Seele im Charakter prägt. Nur wenn das Ich sich verschließt in der Bewußtseinsseele, entsteht der verschlossene Charakter, der sich von der Welt abschließt. Wenn es aber die anderen Seelenglieder ergreift, so entsteht dadurch etwas, was bis zur Formung der Leiblichkeit ausgeprägt wird. Es war eine tiefe Ahnung des Dichters, als er das Wort sprach: Wenn der Mensch seine Fähigkeiten und Talente ausbildet, so arbeitet das Ich in seinem Innern; wenn er aber seinen Charakter ausbildet, so arbeitet es an der Welt und dem äußeren Leben: «Es bildet ein Talent sich in der Stille, sich ein Charakter in dem Strom der Welt.»

Wenn der Dichter herangeht an diese Erscheinungen, so kann sich in aller Tiefe ihm ergeben, [...] wie das Leben von innen heraus geformt wird. Die Natur ist es, die in ihrem Festen da steht. Sie ist aber dasjenige, was den Geist in sich enthält und aus sich herausgeboren werden läßt. Der Geist aber läßt wieder Natur aus sich herausgehen, in mimischem Spiel, in der Physiognomie, in der Formung der Schädeldecke. Er prägt der Materie wiederum [ein durch] das Ich dasjenige, was das Ich in den verborgenen Tiefen der Seele auf jenem wunderbaren Musikinstrument spielt.

Das kann demjenigen einfallen, der vor einem solchen Wunderwerke eines solchen Formens steht. Solch ein Gedanke durchzuckte einmal einen Mann, als er nach vielen Jahren die Gruft eines Freundes geöffnet erhält und der Schädel herausgenommen wurde. An der Betrachtung dieses Schädels ging ihm der Gedanke auf, wie die Form ausdrückt, was die Seele gelebt hat. So schrieb Goethe, als er Schillers Schädel betrachtete:

«Was kann der Mensch im Leben mehr gewinnen,
Als daß sich Gott-Natur ihm offenbare?
Wie sie das Feste läßt zu Geist verrinnen,
Wie sie das Geist-Erzeugte fest bewahre.»

Der folgende Vortrag «Anlage, Begabung und Erziehung des Menschen» hat zum Hintergrund den Vortragskurs «Die Offenbarungen des Karma», der im Mai 1910 in Hamburg für Mitglieder gehalten wurde und der die schon in dem Buch «Theosophie» behandelte Idee des menschlichen Schicksals ausführlich darstellt. Darüber hat R. Steiner in seinem letzten Wirkungsjahr 1924 noch ausführlicher gesprochen. Unser Vortrag wurde öffentlich gehalten und wiederum in einer Reihe von Städten. Er ist in dem Band «Antworten der Geisteswissenschaft auf die großen Fragen des Daseins» (15 Vorträge 1910/11) als achter Vortrag enthalten.

Anlage, Begabung und Erziehung des Menschen

Wenn wir den Blick auf das richten, was sich wie eine Art Leitmotiv durch die bisherigen Vorträge dieses Winterzyklus gezogen hat, wenn wir auf jenes im Menschen lebende Wesenhafte sehen, das wir nicht nur einmal zwischen Geburt und Tod beobachten, sondern das wir als in wiederholten Erdenleben daseiend voraussetzen, so wird uns die Frage nach dem, was der Entwicklung eines Menschen in seinem einen Leben, in einer Erdenverkörperung zugrunde liegt, als eine ganz wesentliche insbesondere in unserer Gegenwart erscheinen. Denn der Mensch der Gegenwart steht gewiß fragend und forschend dem eigentümlichen In-die-Erscheinung-Treten von Anlage, Begabung und Erziehung des Menschen gegenüber. Da er aber wenig geneigt ist, den Blick von dem abzuwenden, was uns da erscheint als sich in einem Leben ausgestaltend, und auf den eigentlichen Erbauer, den eigentlichen Schöpfer im Menschen diesen Blick hinzurichten, so werden schon die Fragen dieses Gegenwartsmenschen leicht den Charakter der Halbheit, der Unbestimmtheit in sich tragen. Setzt man nämlich voraus, daß es etwas in der menschlichen Natur gibt, was sich wie das eigentliche innerlich Belebende durch viele Leben hindurchzieht, dann wird einem erst das ganz Rätselhafte, ganz Fragenswerte dieses Menschenwesens entgegentreten. Und man wird die Fragen nach Anlagen, nach der Begabung und Erziehung in einem neuen Lichte betrachten wollen, in einem ganz andern Lichte, als sie betrachtet werden können, wenn man bloß im Auge hat, was die Gegenwart so häufig betont: die Vererbung, die von den Vorfahren vererbten Eigenschaften. Nicht als ob die Geisteswissenschaft den Blick von demjenigen abwenden wollte, was in solchen vererbten Anlagen sich ausspricht, als ob sie die sorgfältigen Beobachtungen alles dessen, was die äußeren Sinne und der auf sie gerichtete Verstand sagen können, außer acht ließe; aber die Geisteswissenschaft weiß, daß dies alles sich zu dem eigentlich Wesenhaften des Menschen wie etwas verhält, was von diesem letzteren so benutzt wird, in sich aufgenommen wird, wie die äußere Materie im physischen Leben aufgenommen wird von dem kleinen Keim eines Lebewesens, der seine Form aus sich selbst heraus bestimmt, aber dasjenige, was ihm möglich machen soll, diese Form im äußeren Leben darzuleben – das Substantielle, das Materielle –, aus seiner Umgebung sich aneignet. So werden wir im großen und ganzen in der Art, wie sich ein Mensch darlebt, einen Zusammenfluß dessen zu erkennen haben, was mit seiner Geburt ins Dasein tritt, und desjenigen, in welches das Wesenhafte und Individuelle des Menschen hineingebettet wird und woraus es seine geistig-seelische Nahrung zieht.

Wenn wir zum Beispiel als Erzieher mit Aufgaben einer Menschenseele, die ins Dasein tritt, die von Stunde zu Stunde, von Woche zu Woche immer mehr und mehr von ihren inneren Fähigkeiten ausprägt, wenn wir einem heranwachsenden Menschen gegenüberstehen wie einem heiligen Rätsel, das wir zu lösen haben, das von der Unendlichkeit her zu uns gekommen ist, damit wir ihm die Möglichkeiten geben, sich zu entfalten und zu entwickeln, dann wird sich für alles, was menschliche Verhältnisse im Dasein sind, eine ganze Summe von neuen Aufgaben, neuen Anschauungen, neuen Möglichkeiten überhaupt ergeben. Wir sehen also einen Menschen mit der Geburt ins Dasein treten und setzen voraus, daß er in einer gewissen Weise das Kernhafte seines Wesens durch seine Geburt ins Dasein hereinbringt. Auch die äußere Wissenschaft zeigt uns, wenn wir nicht auf Schlagworte und Theorien, sondern auf Tatsachen sehen, wie dieser geistig-seelische Wesenskern des Menschen auch noch nach der Geburt am Kinde arbeitet, wie das, was uns als körperhafte Organisation entgegentritt, sich verändert, plastisch unter dem Einfluß des Geistig-Seelischen gebildet wird. Auch die äußere Wissenschaft kann uns zum Beispiel zeigen, wie das, worin wir zunächst das Werkzeug für äußere Tätigkeiten zu sehen haben, wie das Gehirn eine noch unbestimmte, durchaus noch plastisch bildsame Materie beim Menschen ist, wenn er durch die Geburt ins Dasein tritt, und wie dann das, was er sich aus dem Geistesschatze seiner Umgebung aufzunehmen bemüht, formend und bildend wie ein Künstler auf die plastische Masse unseres Gehirns eindringt und sie bearbeitet. Wenn wir die Voraussetzung machen – was ja eine Tatsache ist und in anderen Zusammenhängen öfter erwähnt wurde –, daß der Mensch, wenn er nach der Geburt hilflos auf eine einsame Insel hinausversetzt würde, die Fähigkeit der Sprache nicht erringen kann, so müssen wir sagen: Der geistig-seelische Inhalt, der in die Sprache gekleidet an uns von der Geburt an herantritt, ist nicht etwas, was aus dem Inneren des Menschen herausdringt, was bloß in seiner Anlage haftet, was der Mensch sozusagen ohne die Einflüsse seiner geistig-seelischen Umgebung erhält, wie er etwa seine zweiten Zähne um das siebente Jahr herum durch die innere Veranlagung erhält, sondern die Sprache ist etwas, was an dem Menschen arbeitet. Sie ist wirklich wie ein Plastiker, der gleichsam das Gehirn formt. Wir können diese Formung des Gehirns in den ersten Zeiten, ja Jahre hindurch, auch äußerlich wissenschaftlich wohl verfolgen. Wenn dann anatomisch, physiologisch nachgewiesen wird: die Sprachfähigkeit des Menschen, das Gedächtnis für gewisse Sprachvorstellungen sei an dieses oder jenes Organ gebunden, jedes Wort sei gleichsam aufgehoben wie ein Buch in der Bibliothek, so dürfen wir auf der anderen Seite fragen: Was hat das Gehirn erst dazu geformt? Und wir können antworten: Dasjenige, was als Geistig-Seelisches in dem Sprachschatz der Umgebung des Menschen da war.

Das zeigt uns, daß wir beim Menschen in bezug auf seine ganze Seelenentwicklung alles, was er in seinen Gedanken, Vorstellungen und Empfindungen erlebt – auch in seinen Willensimpulsen und Gefühlen, was sozusagen bloß innerliches Erleben bleibt –, von etwas anderem unterscheiden müssen, was so innerliches Erleben bleibt, daß es eingreift in die äußere physische Organisation, dieselbe plastisch gestaltet und erst zum Werkzeug macht für zukünftige Geistesfähigkeiten oder zukünftiges geistig-seelisches Leben. Das können wir ganz anschaulich am besten sehen, wenn wir eine Fähigkeit des Menschen durch sein Leben hindurch verfolgen, die ganz verschiedene Seiten zeigt, obwohl diese verschiedenen Seiten von der äußeren Seelenwissenschaft mehrfach zusammengeworfen wurden: wenn wir unser *Gedächtnis* verfolgen.

Wenn wir uns etwas durch das Gedächtnis aneignen, wenn wir memorieren, so eignen wir uns dies durch die Mittel an, von denen eines der hauptsächlichsten die Wiederholung ist. Wir haben es dann zu unserem Eigentum gemacht, können es von uns geben. Nun kennt jeder eine mißliche Sache: das Vergessen. Denn die Dinge vergessen sich wieder, schwinden so aus unserem Gedächtnis, daß wir nicht wieder imstande sind, sie in einer späteren Zeit zu reproduzieren. Oder können Sie sich nicht erinnern, wieviel Sie in Ihrer Jugend haben auswendig lernen und hersagen müssen, und wieviel Sie jetzt davon nicht mehr auswendig hersagen können? Aber schwindet denn wirklich alles, was wir gedächtnismäßig aufgenommen haben?

Wir wollen jetzt nur das betrachten, wovon der Mensch später sagt: ich habe es vergessen, – was er also nicht mehr heraufholen kann, so daß er es reproduzieren kann. Ist es gar nicht mehr da? Es ist auf eine ähnliche Weise da wie etwas, was wir auch schon erwähnt haben, was im normalen Menschenleben immer vergessen wird: wie die wunderbaren, reichen ersten Erlebnisse der Kindheitsjahre vergessen werden. Bis zu einem gewissen Zeitpunkt erinnern wir uns im normalen Menschenleben nur zurück. Vor diesem Zeitpunkt aber haben wir unendlich viele Eindrücke gehabt. Wer würde das nicht zugeben, wenn er wirklich unbefangen die Entwicklung eines Kindes in den ersten Lebensjahren beachtet. Aber es ist in dem Sinne vergessen, wie wir gewöhnlich von *vergessen* sprechen. Ist es aber gar nicht da? Spielt es gar keine Rolle mehr in der Menschenseele? Ja, es spielt eine bedeutende Rolle in der Menschenseele. Denn wie die ersten Kindheitseindrücke sind, ob wir Freudiges oder Trauriges erleben, Liebe oder Gleichgültigkeit, diese oder jene äußeren Eindrücke, davon hängt unendlich mehr, als der Mensch im späteren Leben vermag, von der Gesamtstimmung und der gesamten Verfassung seiner Seele ab, als man gewöhnlich annimmt. Wichtiger ist es, was man in den ersten Jahren vergessen hat, was uns formt und bildet im Seelenwesen, als gewöhnlich zugestanden wird. So ist es auch mit dem, was wir später lernen, wir vergessen es dem

Wortlaut, dem Gedanken nach, aber es bleibt in uns als eine gewisse Seelenstimmung zurück. Wenn zum Beispiel ein Mensch in einem gewissen Alter Balladen gelernt hat oder andere Dichtungen von großen Helden mit ganz bestimmten Aufgaben, ganz bestimmten Eigenschaften, so mag er die Gedanken, die Begebenheiten und so weiter vergessen, so daß er sie nicht wieder reproduzieren kann; zurück bleibt aber, was er gelernt hat, im Gefüge seines eigenen Charakters vielleicht als Seelenstärke, als eine Art, sich zum Leben zu stellen und Lust und Leid an sich herankommen zu lassen. Zu Stimmungen, Gefühlswerten, ja zu Willensimpulsen, zu dem, was mehr oder weniger nicht bewußt in unserem Seelenleben ruht, was aber in uns schafft und formt, wird das, was wir vergessen. Nur manchmal zeigt es sich durch ganz bestimmte Vorgänge im späteren Leben, daß ein so Vergessenes doch nicht ganz vergessen ist, daß sich der Mensch, wenn man nämlich die gehörigen Anstalten trifft und ihm etwas Verwandtes vor die Seele bringt, dann doch an etwas Vergessenes erinnert, so daß man nachweisen kann, daß sich nur etwas wie eine Decke in unterbewußten Schichten seines Seelenlebens darübergeschoben hat, daß es aber doch in ihm vorhanden ist. So sehen wir förmlich, wie das, was wir vergessen, was uns aus dem Gedächtnis schwindet, bildend und gestaltend an unserer Seele schafft und sich dann an unserer Stimmung Lust und Leid gegenüber zeigt, an unserm Mut, an unserer Tapferkeit oder Feigheit oftmals, oder auch an unserer Furcht und Angst dem Leben gegenüber. Was wir so gleichsam aus dem Gedächtnisschatze in das Unterbewußtere heruntersinken sehen, wird dann schöpferisch an unserer Seele selber. Wir sind es im Grunde genommen selbst, was die Dinge, die wir vergessen haben, aus uns gemacht haben. Denn was ist der Mensch im Konkreten anderes, als die Art, *wie* er sich freuen, tapfer sein kann und so weiter! Wenn wir den Menschen nicht abstrakt, sondern ganz konkret ins Auge fassen, müssen wir sagen: Er ist das harmonische Ineinanderweben und Ineinanderspielen seiner Eigenschaften, so daß der Mensch selber von dem bedingt wird, was in tiefere Schichten seines Bewußtseins herunterfließt. Das sehen wir während des Lebens.

Aus allem, was bisher berücksichtigt wurde und was noch angeführt werden soll, kann hervorgehen, daß dasjenige, was so geistig-seelisch in tiefere Schichten sinkt, dann noch tiefer sinkt, wenn der Mensch durch die Pforte des Todes schreitet. Denn jedesmal, wenn der Mensch durch das, was er aufnimmt, an seiner äußeren physischen Organisation formen will im Leben, findet er in diesem Leben schon eine bestimmte Organisation vor. Die ist so oder so beschaffen, mit diesen oder jenen Anlagen kommt er ins Leben herein. Dagegen muß anstürmen, was in unserer Seele schöpferisch ist. Nehmen wir an, durch das, was wir in uns aufnehmen, könnte eine Eigenschaft der Tapferkeit in uns herangebildet werden. Wenn wir aber eine Organisation haben, die sich mehr zum Hasenfuß als zum tapferen Menschen eignet, so müssen wir mehr oder weniger gegen etwas anstürmen, was wir im Leben von unserer Organisation haben. Und wenn wir die Zeit zwischen dem Tode und einer neuen Geburt durchmachen, so liegt das Wesentliche dieser menschlichen Entwicklung darin, daß wir uns das Urbild, die Urgestalt unseres neuen physischen Leibes, unserer neuen physischen Erdenorganisation vorbilden. Da haben wir keine solchen Grenzen und Widerstände, wie sie sich unserer Organisation im Leben zwischen Geburt und Tod darbieten, da bauen wir plastisch mit dem, was wir uns im Leben erworben haben, die Grundlage, die Grundkräfte für eine neue Körperlichkeit innerhalb weiterer Grenzen auf, als es zwischen Geburt und Tod der Fall ist. Daher dürfen wir sagen: Was so an vergessenen Vorstellungen während des Lebens zwischen Geburt und Tod nur an unserer Seele arbeitet, das arbeitet, wenn wir durch die Pforte des Todes schreiten, bis zur Zeit der Wiederverkörperung an der Gestaltung unserer nächsten Organisation, arbeitet sich selbst in das hinein, was mit unserer neuen Leibesorganisation zusammenhängt; so daß wir durch die Geburt mit solchen Anlagen zum neuen Dasein schreiten, die in noch tiefere Schichten unseres Wesens heruntergehen als die vergessenen Vorstellungen im Leben zwischen Geburt und Tod.

Aus alledem wird es durchaus verständlich sein, daß der Mensch, weil er aus dem Leben, aus der unmittelbaren Umgebung die Ursachen zur Organisation einer neuen Körperlichkeit hergeholt hat, in der Tat auch dieselben Bedingungen in einer gewissen Weise wieder braucht. Anders ist es beim Tier, das seine Organisation, wie wir aus den Betrachtungen über «Menschenseele und Tierseele» und «Menschengeist und Tiergeist» gesehen haben, in der Vererbungslinie bestimmt hat. Da tritt das Tier mit den ganz bestimmten, plastisch sich gestalten wollenden Tendenzen auf, weil die Tendenzen nicht aus der Umgebung des Tieres genommen sind. Bedenken wir, wie wenig das Tier durch die Erziehung, durch die Dressur sich aus der äußeren Welt aneignet, hereinnimmt, wie wenig es daher einen Schauplatz braucht, der in der äußeren Welt liegt, um das wieder herauszubringen, was an Bildungsprinzipien hereingenommen ist. Der Mensch aber braucht einen solchen Schauplatz. Daher tritt er ungeschickt in die Welt, tritt so in die Welt, daß wir auch da nur wieder die letzte Hand anzulegen haben an die feinere Ausgestaltung seiner Organisation. Daher das Leben und Weben der Individualität des Menschen, seiner eigentlichen Grundwesenheit, in den ersten Jahren seines Daseins! Daher tritt plastisch bestimmbar, formbar sein Geistesorgan, das Gehirn, ins Dasein, und wird daher im Grunde genommen erst nach der Geburt mit den letzten entscheidenden Bahnen, Linien und Richtungen versehen, wie sich die Anlagen ausleben sollen.

Daraus sehen wir, wie das, worauf es in der Entwicklung ankommt, als ein von früheren Daseinsstufen Herüberkommendes zu betrachten ist, und daß es daher weniger darauf ankommen wird, bestimmte, eigensinnige Erziehungsprinzipien zu haben, als darauf, jedes einzelne Menschenwesen, jede Individualität als ein Problem, als ein heiliges Rätsel zu betrachten, das zu lösen ist, und daß es an uns ist, die Gelegenheiten herbeizuschaffen, damit dieses Rätsel in der möglichst besten Weise gelöst werden kann. Unbequem ist eine Erziehung, die überhaupt keine festen Grundsätze aufstellen kann, sondern die an ein dem Künstlerischen verwandtes Prinzip in dem Erzieher appellieren muß, um zu beobachten, was da aus der Wesenhaftigkeit des Menschen herauskommt, unbequemer ist es, als wenn man reglementmäßig sagt: so oder so sind diese oder jene Fähigkeiten zum Ausdruck zu bringen. Aber nur dann stehen wir mit der rechten

Gesinnung dem heranwachsenden Menschen gegenüber, wenn wir ihn in jedem einzelnen Falle als eine Individualität, als etwas Besonderes für sich betrachten. Wenn man allerdings die Dinge durchaus trivial nehmen will – manche Leute haben schon einmal die Begabung, alles trivial zu nehmen –, kann man ja sagen: Individualität zeigt sich nicht nur beim Menschen, sondern auch bei einem jeglichen Tier. Gewiß zeigt sie sich. Das wird aber auch keiner leugnen, der aus den Grundlagen der Geisteswissenschaft heraus spricht. Ich habe oft gesagt: wenn man in diesem Sinne von Individualität spricht, muß man genauer darauf eingehen, muß sich bewußt sein, daß, wenn man die Sachen trivial nehmen will, man auch von der Biographie und der Individualität der Schreibfeder sprechen kann. Ich kannte einen Mann, der – weil zu seiner Zeit noch die Schreibfedern aus Gänsekielen geschnitten wurden – schon unterscheiden konnte zwischen den Schreibfedern, denn da sich jeder seine Feder selbst zurechtschnitt, so bekam sie immer ein persönliches Verhältnis zu ihm, und da der Betreffende eine ausgezeichnete Phantasie hatte, so hätte er sehr wohl eine Biographie jeder einzelnen Schreibfeder mit allen Einzelheiten schreiben können. Beim Menschen aber handelt es sich nicht darum, den Maßstab der Trivialität anzulegen, sondern den Maßstab, der aus den Tiefen der Erkenntnis herausgeholt ist.

Nun können wir – da sich gerade durch solche Betrachtungen die Art und Weise herausstellt, wie der Mensch, seine eigentliche Wesenheit formend und gestaltend, seine Äußerlichkeit, seine äußere Organisation plastisch bildet und darin seine eigentliche Wesenheit darlebt – an diesem Darleben wieder sehen, wie es in den ersten Jahren geschieht und sich mit der Entwicklung des Menschen umbildet, umgestaltet und, was es aus der Umgebung aufnehmen kann, benützt. Da finden wir in den ersten Lebensjahren des Menschen von ganz besonderer Wichtigkeit, daß wir ihm sozusagen seine Fähigkeiten erhalten, plastisch, bildsam einzugreifen in seine körperliche oder leiblich-seelische Organisation, und daß wir ihm nicht die Möglichkeit, plastisch einzugreifen, versperren. Am meisten versperren wir einem Menschen diese Möglichkeit, wenn wir ihn zu früh mit Begriffen und Ideen vollpfropfen, die sich nur auf eine äußere Sinnlichkeit beziehen und welche die strengsten Konturen haben, oder wenn wir ihn auf eine Tätigkeit festnageln, die theoretisch in ganz bestimmte Formen eingeschnürt ist. Da ist keine Variabilität, keine Modifikation, auch keine Möglichkeit, die geistig-seelischen Fähigkeiten herauszubilden, wie sich die Seele von Tag zu Tag, von Stunde zu Stunde betätigt. Nehmen wir an, ein Vater wäre ein furchtbar eigensinniger Mensch, der sich zum Prinzip gemacht hat: Mein Junge muß so werden, wie ich war! Ich habe mein ganzes Leben hindurch die Schuhe *so* gemacht für meine Kundschaft, und so muß mein Junge seine Schuhe auch machen! Wie ich denke, so muß mein Junge auch denken! – Da wird in die Umgebung dieses Jungen ein geistig-seelisches Gefüge gebracht, das so an einer geistig-seelischen Organisation arbeitet, wie am Vater gearbeitet worden ist, und der Junge wird dadurch in ganz bestimmte Formen hineingezwängt, während es sich darum handeln sollte, die Individualität, die ins Dasein tritt, zu erforschen, um nach der daraus gewonnenen Erkenntnis die geistig-seelische Organisation zu formen.

Der Erzieher-Instinkt der Menschheit hat schon durch das allgemeine Bewußtsein ein wunderbares Mittel geschaffen, wodurch der Mensch in den ersten Jahren in die Möglichkeit versetzt wird, an dem Veränderlichen, Modifizierbaren, Beweglichen des Geistig-Seelischen zu arbeiten, so daß freier Spielraum für die Ausgestaltung des Menschenwesens gelassen wird. Das ist das Spiel. Das ist auch die Art und Weise, wie wir ein Kind am besten beschäftigen, daß wir ihm nicht Begriffe geben, die in feste Konturen geschnürt sind, sondern solche, die dem Gedanken Spielraum lassen, so daß er da oder dorthin abirren kann. Nur dann findet man den Lauf des Gedankens, der vorbestimmt ist durch die innere Anlage. Erzähle ich ein Märchen, so daß es die geistige Tätigkeit des Kindes anregt, daß nicht sich Begriffe in bestimmten Konturen ausbilden, sondern daß es die Konturen der Begriffe beweglich läßt, dann arbeitet das Kind so, wie jemand arbeitet, der probiert und durch das Probieren das Rechte herauszubekommen sucht. Das Kind arbeitet, um herauszubekommen, wie seine Geistigkeit sich bewegen muß, damit es in der besten Weise seine Organisation herausgestaltet, wie sie innerlich vorgebildet ist. Und so ist es beim Spiel. Das Spiel unterscheidet sich von der in feste Formen geprägten Tätigkeit dadurch, daß man in einem gewissen Grade doch machen kann, was man will, wenn man spielt, daß man nicht von vornherein scharfe Konturen in den Gedanken und Beweglichkeiten der Organe hat. Dadurch wird wieder in einer freien, bestimmbaren Weise auf die geistig-seelische Organisation des Menschen zurückgewirkt. Spiel und die eben charakterisierte geistig-seelische Betätigung für das Kind in den ersten Jahren entspringen einem tiefen Bewußtsein dessen, was die Natur und Wesenheit des Menschen eigentlich ist. Wer ein wirklicher Erzieher werden will, wird auch für die späteren Jahre durchaus das Bewußtsein haben, daß in der Tat jede einzelne Fähigkeit sozusagen zuerst studiert, erkannt, bestimmt werden will an dem sich herausentwickelnden Menschen. Aber es gibt doch die Möglichkeit, gewisse große Grundsätze zu beobachten. Solche Grundsätze führen uns dann erst auf die Art, wie der Wesenskern des Menschen, der von Geburt zu Geburt geht, sozusagen das Äußere verwendet, das in der Vererbungslinie liegt.

Da ist es von höchstem Interesse, den Blick hinzulenken auf die Art, wie der geistig-seelische Wesenskern des Menschen in ganz verschiedener Weise die Merkmale, die Eigenschaften, Tugenden und so weiter von Vater und Mutter, von den väterlichen und mütterlichen Vorfahren benützt, um ein Neues aufzubauen. Und in der Tat: nicht in gleicher Weise werden die väterlichen und mütterlichen Eigenschaften von dem individuellen Wesenskern des Menschen benützt, sondern da liegt ein ganz bestimmtes Gesetz zugrunde. Gerade dieses Gesetz ist unendlich lehrreich. Wenn wir versuchen, es in seiner Vollständigkeit zu fassen, um es zu durchschauen, so müssen wir darauf sehen, wie in der menschlichen Seele zweierlei sich geltend macht. Das eine ist die Intellektualität, zu der wir jetzt auch die Fähigkeit rechnen wollen, in Bildern, in Vorstellungen schneller oder langsamer, gescheiter oder dümmer zu denken. Das andere ist die allgemeine Richtung des Willens und Gefühles, der Affekte, das Interesse, das wir an unserer Umgebung nehmen. Die ganze Art und Weise, wie wir imstande sind, etwas zu leisten, hängt davon ab, ob wir einen beweglichen oder einen langsamen, einen stumpfen oder einen in die Dinge dringenden Geist haben, ob wir scharfsinnig sind oder nicht. Was der Mensch den Mitmenschen leisten kann und wie wir das leisten, hängt davon ab, ob wir im rechten Sinne unsere Interessen mit dem zu verbinden verstehen, was in unserer Umgebung vorgeht. Manche Menschen haben gute Vorbedingungen, aber sie haben an den Mitmenschen und an der Umwelt wenig Interesse. Da liegt die Tatsache vor, daß das Interesse nicht die Fähigkeiten herauslockt. Daher ist es nötig, daß das Interesse in uns ebenso beachtet werde wie das, ob uns die Beweglichkeit unserer Intellektualität gestattet, dieses oder jenes für unsere Mitwelt zu leisten.

Für die ganze Art des Interesses nun, womit wir auch verbunden denken können die Art und Weise, wie die Begierden des Menschen, wie die äußere Handhabung des ganzen Lebens sich gestaltet, wie der Mensch geschickt oder ungeschickt sich entwickelt, kurz, die ganze Art und Weise des seelischen Lebens, die mit unserem Umgang mit der Außenwelt, mit unserem größeren oder geringeren Interesse und mit unserer Geschicklichkeit für die Außenwelt zusammenhängt – dafür entnimmt der Mensch die wichtigsten Elemente in der Erbschaft von dem Vater, so daß die Interessen und was aus den Interessen uns geschickt, fähig macht, unsere Organe, unseren ganzen Menschen zu gebrauchen, in der Regel Erbgut vom Vater ist. Die Seele nimmt also vom Vater die entsprechenden Elemente, damit sie jene Eigenschaften in sich ausbilden kann. Was dagegen intellektuelle Beweglichkeit ist, womit dann auch Phantasietätigkeit, bildhaftes Vorstellen, Erfindergabe verbunden ist, nimmt unsere durch die Geburt ins Dasein tretende Individualität als Erbstück von den mütterlichen Eigenschaften. Sie finden schon bei Schopenhauer in einer gewissen Weise dieses außerordentlich interessante Kapitel etwas angedeutet; er hatte eine Ahnung davon, war aber nicht in der Lage, auf die tieferen Dinge dabei hinzuweisen.

Wir dürfen aber auf der anderen Seite noch etwas anderes sagen. Was im Vater als die Art und Weise lebt, wie er sich zu den Dingen verhält, was er für Interesse, für Begierden gegenüber den Dingen hat, wie er verlangt, wünscht, will, ob er ein Mensch ist, der tapfer in die Lebensverhältnisse eingreift oder der kleinmütig zurückweicht, ob er pedantisch oder großmütig ist, also die Eigenschaften, die mit den Willensimpulsen zusammenhängen, finden wir in einer gewissen Weise vom Vater entlehnt. Alles dagegen, was Beweglichkeit der Seele, der Intellektualität ist, finden wir von der Mutter übergehend. – Nun zeigt sich aber ein interessanter Unterschied, der nur beobachtet werden kann, wenn man auf den ganzen Umfang des Lebens eingeht. Dann werden Sie auch die Belege dafür überall finden. Nämlich in bezug auf das Geschlecht zeigt sich dabei ein gewaltiger Unterschied. Man darf sagen: Für einen Sohn ist im Grunde genommen ganz wunderbar das Verhältnis zu Vater und Mutter in den Goetheschen Worten geschildert: «Vom Vater hab ich die Statur, des Lebens ernstes Führen», das heißt alles, was sich auf den Verkehr des Menschen mit der äußeren Welt bezieht – «vom Mütterchen die Frohnatur, die Lust zu fabulieren», das heißt die ganze Art und Weise des geistigen Lebens. Sehen wir aber jetzt auf die Tochter, so zeigt sich in einer ganz merkwürdigen Weise, daß die väterlichen Eigenschaften bei der Tochter so auftreten, daß sie nun um eine Stufe aus der Natur der Willensimpulse heraufgehoben sind, aus der Natur, die sich mehr ausspricht in dem Verkehr mit der Umgebung – in das Seelische. Daher kann man von einem Vater – das gilt natürlich nur bei gleichen Umständen –, der überall tapfer zugreift, der reges Interesse für dieses oder jenes hat und damit in dem Verkehr mit der Umgebung einen gewissen Ernst auslebt, diese Eigenschaften von der Individualität der Tochter so übernommen finden, daß sie ins Seelische heraufgehoben sind, daß eine Tochter da ist mit einem ernsten seelischen Leben, mit einem ins Seelische umgesetzten Charakterleben des Vaters, die beweglicher macht, was vielleicht beim Vater schwerflüssig ist, so daß die wichtigsten Eigenschaften, die uns beim Vater mehr äußerlich entgegentreten, bei der Tochter sich mehr verinnerlicht zeigen.

Daher können wir sagen: Die Charaktereigenschaften des Vaters leben weiter in dem Seelischen der Tochter, die seelischen Eigenschaften der Mutter, die Regsamkeit des Geistes wie auch Talente und Fähigkeiten, die man ausbilden kann, leben in dem

Sohne weiter. Die Mutter Goethes, die alte Frau Rat, war eine Frau, die fabulieren konnte, bei der die Phantasie in der wunderbarsten Weise funktionierte. Das ging bei dem Sohn um eine Stufe herunter, wurde Anlage, Organisation, so daß der Sohn Goethe die Fähigkeit hatte, das der Menschheit zu geben, was in der Mutter lebte. So sehen wir, wie die mütterlichen Eigenschaften bei den Söhnen um eine Stufe heruntergeführt werden, so daß sie zu Organfähigkeiten werden, während die väterlichen Eigenschaften von den Töchtern um eine Stufe hinaufgeführt werden, so daß sie uns verinnerlicht, verseelischt entgegentreten. Dafür ist vielleicht nichts charakteristischer als der schöne Gegensatz Goethes zu seiner Schwester Cornelia, die nun ganz der alte Rat war, die verinnerlicht, verseelischt eine stille, ernste Natur war und daher dem Dichter schon in der Knabenzeit das sein konnte, was er brauchte: ein außerordentlich guter Kamerad. Berücksichtigen Sie das nun und betrachten Sie, wie Goethe nach seiner Beschreibung kein günstiges Verhältnis zu seinem Vater gewinnen konnte. Das war aus dem Grunde, weil die väterlichen Eigenschaften veräußerlicht waren beim alten Herrn Rat. Was Goethe brauchte, waren schon diese Eigenschaften, aber er konnte sie so nicht verstehen, wie sie bei seinem Vater vorhanden waren. Da waren sie richtig. Zur Seele geworden lebten sie in seiner Schwester, die ihm deshalb ein so guter Kamerad sein konnte.

Gehen Sie nun mit mir durch die Geschichte, so werden Sie sehen, wie ein jeder Schritt das Gesagte bestätigt, und wie man überall dort, wo man Hindeutungen hat, historisch eine Bestätigung einer solchen Sache geben könnte. Die schönste Bestätigung in dieser Beziehung haben wir von der Mutter der Makkabäer, die mit einer heroischen Größe ihre Söhne für das, was sie glaubt und was ihre Väter glaubten, dem Tode entgegengehen läßt mit den großen, schönen Worten: «Ich habe euch die äußere Körperlichkeit gegeben; der aber, der Welt und Menschen geschaffen hat, hat euch gegeben, was ich euch nicht geben konnte, und der wird dafür sorgen, daß ihr es wieder erhaltet, wenn ihr es um eures Glaubens willen verliert!» Wie oft wird uns in der Geschichte gerade das mütterliche Element vorgehalten: von der

Mutter Alexanders und der Gracchen-Mutter bis in unsere Zeit herein, wenn wir sehen, wie Eigenschaften im Menschen auftreten, daß dieser Mensch fähig ist, auf die Umwelt zu wirken, daß er die Kräfte und Talente und auch die leiblich-seelische Organisation dafür hat. Da könnten wir überall – wo wir wollten – die Geschichte bedeutender Männer aufschlagen: überall werden wir die mütterlichen Eigenschaften so übersetzt finden, daß sie um eine Stufe weiter heruntergeschritten sind, daß sie Fähigkeiten geworden sind, die ins Leben hineingestellt sind. Nehmen wir das Beispiel von *Bürgers* Mutter und seinem Vater, von dem er auch die Willenseigenschaft geerbt hatte. Mit dem Vater hatte er im Grunde genommen wenig gemein; der Vater war froh, wenn er nicht nötig hatte, sich um die Entwicklung des kleinen Knaben zu kümmern; die Mutter aber hatte einen wunderbar beweglichen Geist, sie war es, die grammatisch und stilistisch den richtigen Ausdruck besaß. Das war wieder nötig für den Dichter; diese Eigenschaften übernahm er von der Mutter, und die ergaben sich eben, weil er der nächsten Generation angehörte. Oder denken wir an *Hebbel,* wie er zu seinem Vater stand. Wer den Dichter Hebbel genauer kennt, wird in all dem herben Eigenartigen und Eigensinnigen der Interessen schon einen Nachklang fühlen auch von dem väterlichen Erbteil. Der alte Maurermeister Hebbel hat schon vieles in dieser Beziehung auf seinen Sohn vererbt. Aber verstanden haben sich der Sohn und die Mutter, und die Mutter war es, die den Sohn davor behütete, daß Hebbel, statt später seine Dramen der Menschheit zu geben, in seinem Geburtsorte ein Maurermeister geworden wäre. Es ist rührend zu lesen, wie Hebbel selber in seinen wunderbaren Tagebüchern erzählt, was ihn mit seiner Mutter verband.

Diese Beispiele könnten ins Unendliche vermehrt werden. Wir dürfen aber durchaus nicht – weil wir am Leben zu beobachten glauben, daß uns da oder dort ein anderes entgegentritt – daraus den Schluß ziehen, daß die Dinge falsch sind. Das wäre ebenso, wie wenn jemand sagte: Die Physiker beweisen uns das Fallgesetz; ich werde ihnen nun, indem man allerlei Vorrichtungen anbringt, beweisen, daß man das Gesetz beeinträchtigen kann! – Gesetze sind aber nicht dazu da, daß wir jeden Umstand berücksichtigen, sondern das im Auge haben, was in Frage kommt. So müssen wir es in der Naturwissenschaft, so müssen wir es in der Geisteswissenschaft machen. Nur ist die Geisteswissenschaft heute noch nicht weit genug, um in derselben Weise vorzugehen. Wenn man das berücksichtigt, wird man das genannte Gesetz von dem väterlichen und mütterlichen Erbgut überall bestätigt finden können. Man wird aber, wenn man auf das Ganze des Menschen sieht, sich klar sein müssen, daß das, was wir die menschliche Seele nennen, und was sich auslebt in der ganzen, auch leiblich-seelischen Organisation des Menschen, nichts Einfaches ist. Man kann ja wieder rückhaltlos den Willen zur Trivialität haben und sagen: Warum habt ihr Anthroposophen durchaus den Spleen, in der Seele drei Seelenglieder und gar viele Glieder in der menschlichen Natur zu unterscheiden? Ihr redet da von einer Empfindungsseele, von einer Verstandesseele und von einer Bewußtseinsseele. Es wäre doch viel einfacher, von der Seele als einer einheitlichen Wesenheit zu sprechen, in der gedacht, empfunden und gewollt wird. – Einfacher ist es gewiß, bequemer – und trivial auch. Aber das ist auch zugleich etwas, was die wissenschaftliche Betrachtung des Menschen nicht in Wahrheit fördern kann. Denn nicht aus der Sehnsucht, einzuteilen und viele Worte zu machen, entspringt die Gliederung der menschlichen Seele in Empfindungsseele, das heißt in denjenigen Teil, der zunächst mit der Umgebung in Verbindung tritt und die Wahrnehmungen und Empfindungen von außen erhält, in dem sich auch die Begierden und Instinkte entwickeln, und der dann von dem Teil zu trennen ist, in dem schon in einem gewissen Sinne das Gewonnene verarbeitet ist. Unsere Empfindungsseele bringen wir in Tätigkeit, indem wir der Außenwelt gegenüberstehen, von ihr Farben- und Toneindrücke empfangen, aber auch auftauchen lassen, was wir als normale Menschen zunächst nicht in der Hand haben: unsere Triebe, Begierden und Leidenschaften. Wenn wir uns aber zurückziehen und das, was wir durch die Wahrnehmungen und so weiter aufgenommen haben, in uns verarbeiten, so daß das durch die Außenwelt in uns Angeregte sich zu Gefühlen umformt, dann leben wir in dem zweiten Seelengliede, in der Verstandes- oder Gemütsseele. Und insofern wir unsere Gedanken lenken und leiten und nicht am Gängelbande geführt werden, leben wir in der Bewußtseinsseele.

In der «Geheimwissenschaft» oder in der «Theosophie» werden Sie sehen, daß die drei Seelenglieder noch viel mehr Beziehungen haben – in anderer Art – zu dem, was in der Außenwelt ist, nicht weil wir an der Einteilung Freude haben, sondern weil das, was wir Empfindungsseele nennen, in ganz anderer Weise zum Kosmos zugeordnet ist als das, was wir Bewußtseinsseele nennen.

Die Bewußtseinsseele ist es, die den Menschen isoliert, die ihn sich so recht als ein innerlich geschlossenes Wesen empfinden läßt. Was wir Verstandesseele nennen, bringt ihn zu der Umgebung und zum ganzen Kosmos in Beziehung, dadurch ist er ein Wesen, das wie ein Extrakt, wie ein Zusammenfluß der ganzen Welt erscheint. Durch die Bewußtseinsseele lebt der Mensch in sich, isoliert sich. Das Hauptsächlichste, was man in der Bewußtseinsseele erlebt, ist das, was man am spätesten unter seinen Anlagen als Mensch zur Entwicklung bringt: die Fähigkeit des logischen Denkens, daß wir Meinungen, Gedanken und so weiter haben. Das ruht in der Bewußtseinsseele. In bezug auf diese Eigenschaften ist der individuelle Wesenskern des Menschen, der durch die Geburt ins Dasein tritt, in der Tat am meisten zur Isolierung veranlagt. Dieser innerste Wesenskern arbeitet sich am spätesten beim Menschen heraus. Während seine Umhüllung, seine leibliche Organisation sich am frühesten herausschält, schält sich seine eigentliche Individualität am spätesten heraus. Aber wie der Mensch gegenwärtig ist – er war in der Vergangenheit anders und wird in der Zukunft anders sein –, entwickelt er in der Tat seine Meinungen, Begriffe, Vorstellungen in dem isoliertesten Teil seines Wesens. Diese haben daher am wenigsten auf den ganzen Aufbau und die Ausgestaltung seiner Gesamtpersönlichkeit Einfluß und kommen auch erst als Anlage heraus, wenn die Gesamtpersönlichkeit fest gestellt, plastisch gebildet ist.

Da sehen wir, wie die Begabung des Menschen in einer bestimmten Reihenfolge sich entwickelt. Wir sehen zunächst auftreten, was in dem wenigst isolierten, abgesonderten Element des Menschen, in der Empfindungs- oder Triebseele lebt. Das hat aber dafür auch die größte Kraft, in die ganze menschliche Organisation einzugreifen. Daher können wir sehen, wie wir am wenigsten mit Meinungen, Theorien, Ideen an das Kind herankommen, wenn diese Empfindungsseele am intensivsten von innen heraus gestalten will. Wir können nur dann an das Kind herankommen, wenn wir auf die Empfindungsseele wirken lassen – dargestellt in meiner Schrift «Die Erziehung des Kindes vom Gesichtspunkte der Geisteswissenschaft» –, worauf man besonders in den ersten Lebensjahren zu sehen hat, daß nicht Theorien, Lehren entwickelt werden, sondern daß das Kind zur *Nachahmung* angehalten wird, daß man ihm vorlebt, was es nachleben soll. Das ist von unendlicher Wichtigkeit, weil dieser Nachahmungstrieb als eine der allerersten Anlagen auftritt, auf die man wirken kann. Die Ermahnungen und Lehren wirken in dieser Zeit am wenigsten. Was das Kind sieht, das macht es nach, weil es sich so bildet, wie es sich in Gemäßheit seines Zusammenhanges mit der Außenwelt bilden muß. Wir legen den ersten Grundstock für das ganze persönliche Wesen des Kindes, wenn wir ihm in den ersten sieben Jahren vorleben, was es nachleben darf, wenn wir erraten, wie wir uns in der Umgebung des Kindes benehmen müssen. Das ist allerdings ein für viele höchst merkwürdiger Erziehungsgrundsatz. Die meisten Menschen werden fragen, wie sich das Kind benehmen solle, und jetzt kommt die Geisteswissenschaft mit ihren Anforderungen: die Menschen sollen vom Kinde lernen, wie man sich in der Umgebung des Kindes zu benehmen habe – bis auf die Worte, Gesinnungen und Gedanken hin! Denn das Kind ist in seiner Seele viel empfänglicher, als man gewöhnlich glaubt, vor allem empfänglicher als der erwachsene Mensch. Es gibt ja solche Menschen mit einer gewissen Sensitivität, die es sofort merken, wenn zum Beispiel ein Mensch hereinkommt, der die gute Stimmung verdirbt. Das ist beim Kinde, trotzdem es heute wenig beachtet wird, in einem ungeheuren Maße der Fall. Und es kommt viel weniger darauf an, was man im einzelnen unternimmt, als darauf, was man für ein Mensch zu sein sich bemüht, was man für Gedanken, für

Vorstellungen hegt. Es genügt nicht, daß man es vor den Kindern verschweigt und sich Gedanken gestattet, die nicht für das Kind sein sollten, sondern unsere Gedanken müssen so ausgelebt werden, daß wir das Gefühl haben: das darf in dem Kinde weiterleben und soll weiterleben. – Das ist unbequem, aber doch richtig!

Dann kommt, wenn der Zahnwechsel eingetreten ist, das in Betracht, was wir nennen können: das Bauen auf das – jetzt nicht was der Mensch tut, sondern was der Mensch als Persönlichkeit in sich birgt –, das Bauen auf *Autorität.* Das ist das Allerwichtigste, daß das Kind in den ersten Lebensjahren nachleben kann, was wir sprechen, tun und denken, und daß es in der zweiten Epoche in uns einen Menschen fühlt, auf den es bauen kann, so daß es sagen kann: Das ist gut, was der tut! – Nicht daß wir vom siebenten bis zum vierzehnten, sechzehnten Lebensjahre dem Kinde die Ermahnung geben aus dem Prinzip heraus, eine Moraltheorie zu entwickeln, ihm zeigen: das muß getan werden, das muß unterlassen werden, – sondern den besten Schatz geben wir dem Kinde mit, wenn es für die Verstandes- oder Gemütsseele die Empfindung haben kann: Gut ist es, was der Mensch neben mir tut; unterlassen muß ich, was er unterläßt! – Das ist von einer unendlichen Wichtigkeit.

Erst mit dem Eintreten des vierzehnten, sechzehnten Jahres beginnt die Möglichkeit, daß der Mensch auf den isoliertesten Teil seiner Wesenheit, auf die Bewußtseinsseele baut, das heißt auf das, was sich in der Bewußtseinsseele bildet: auf seine Meinungen, Begriffe und Ideen. Die müssen aber erst einen festen Grund und Boden haben, und der muß geschaffen werden. Schaffen wir ihn nicht, indem wir die Gelegenheit herbeiführen durch die Erziehung, wie die Individualität sie uns erkennen läßt, schaffen wir dadurch der Entwicklung nicht freie Bahn, dann wird der Mensch von einem anderen Element ergriffen: von der Festigkeit seiner Hüllennatur. Dann veräußerlicht er sich; dann greift nicht seine von Leben zu Leben gehende Individualität ein, sondern dann wird er zum Sklaven seiner Leibesorganisation, die von außen herein den Menschen unterjocht. Das zeigt der Mensch daran, daß er in seinem geistig-seelischen Teile nicht Herr ist, sondern ganz abhängig von seiner leiblich-seelischen Organisation ist, starre Eigenschaften zeigt, die unveränderlich sind. Ein Mensch dagegen, bei dem wir achtgegeben haben, daß seine Anlagen möglichst herauskommen, der behält sein ganzes Leben hindurch eine gewisse Beweglichkeit, kann sich auch im späteren Leben noch in neuen Situationen zurechtfinden. Bei dem anderen dagegen veräußerlicht sich die Organisation, bekommt starre Formen, und der Mensch behält sie durch das ganze Leben hindurch. Wir leben in einer Epoche, wo die Individualität des Menschen wenig geschätzt wird und wo daher wenig Gelegenheit ist, sich zu überzeugen, daß die Individualität im späteren Leben noch beweglich und regsam ist und sich in neue Situationen und Wahrheiten hineinfinden kann. Da kommen wir auf ein Kapitel, an dem wir einsehen können, wie sich manche Menschen einfach zum Leben stellen müssen.

Wie viele bemühen sich, wenn sie in eine Weltanschauung hineingeblickt haben, so daß sie davon überzeugt sind, nun auch andere davon zu überzeugen. Sie glauben, es ist ein sehr löbliches Bemühen, wenn sie sagen: Da ich es so klar einsehe, müßte ich doch eigentlich einen jeden zu dieser Überzeugung bringen können! Das ist aber eine Naivität. Unsere Meinungen hängen gar nicht davon ab, ob uns etwas logisch bewiesen wird. Das ist in den wenigsten Fällen möglich. Denn des Menschen Meinungen und Überzeugungen sind aus ganz anderen Untergründen seiner Seele – aus seiner Willensnatur, seiner Gemüts- und Gefühlsnatur heraus gebildet, so daß ein Mensch ganz gut Ihre logischen Auseinandersetzungen verstehen kann, Ihre scharfsinnigen Schlüsse begreifen kann und sie hinterher gar nicht aufnimmt aus dem einfachen Grunde, weil das, was ein Mensch glaubt und wozu er sich bekennt, nicht aus seiner Logik und seinem Verstehen fließt, sondern aus der Gesamtpersönlichkeit kommt, das heißt aus jenen Gliedern, wo Wille, wo Gemüt aufsteigen. Unsere Gedanken sind aber dasjenige von uns, was am spätesten von allen unseren Anlagen herauskommt, wenn die Körperorganisation längst abgeschlossen ist. Das ist das isolierteste Feld. Dort finden wir am wenigsten den Zugang zu den anderen Menschen. Mehr können wir erreichen, wenn wir sie in den Teilen ergreifen, die tiefer liegen: in dem Gemüt, im Willen. Da wird noch eingegriffen in die Organisation. Wenn aber ein Mensch in einer sehr materialistischen Sphäre aufgewachsen ist, sagen wir da, wo man nur die Materie, den Stoff gelten läßt, da bildet sich während der Zeit seines Aufwachsens eine Summe von Gemüts- und Willensimpulsen, die seine Leiblichkeit und auch sein Gehirn plastisch gestalten. Später kann er sich dann ein ganz gutes logisches Denken aneignen, das greift aber nicht mehr in die Plastik seines Gehirns ein. Logische Gedanken sind das Allerohnmächtigste in der menschlichen Seele. Daher hängt es besonders davon ab, daß wir den Zugang zu anderen Menschen auch in der Seele finden, nicht bloß in der Logik. Wenn jemand sein Gehirn schon in einer gewissen Weise ausgebildet hat, dann formt dieses Gehirn, das nur immer wieder und wieder die alten Vorstellungen reflektiert, weil es körperlich geworden ist, keine Logik mehr um. Daher kann man für solche Weltanschauungen, die auf die reinste, die schärfste Logik gebaut sind wie die Geisteswissenschaft, nicht hoffen, daß man auf die Weise wirken kann, daß man vom einen zum anderen Menschen geht, um ihn zu überzeugen. Wenn jemand, der den geisteswissenschaftlichen Impuls versteht, glauben wollte, er könnte durch Überredung oder durch Logik die Menschen überzeugen, wer etwa glauben wollte, daß sich der Geisteswissenschaftler dieser Illusion hingibt, der irrt sich sehr! Denn es gibt in unserem Zeitalter eine große Anzahl von solchen Menschen, die vermöge ihrer Gesamtpersönlichkeit, ihrer Willens- und Gemütsnatur nicht nach dem sehen, was geistige Welt und geistige Forschung ist. Aus der großen Masse derer, die um uns leben, werden sich diejenigen herauswählen, die den Zug haben zu der Geisteswissenschaft, werden zu dem gehen, was sie dunkel ahnen, was sie schon in der Seele haben. Eine Selektion, eine Auswahl nur kann stattfinden in bezug auf eine Weltanschauung, die auf das gebaut ist, was rein die Logik, das menschliche Bewußtsein umspannen kann. Daher geht der Geisteswissenschaftler heran an die Menschen und weiß zu unterscheiden: Da ist einer, dem kannst du jahrelang predigen, er wird nicht auf deine Gedanken eingehen können. Das mußt du ihm erst zum Bewußtsein bringen; zu seiner Seele kannst du sprechen, aber er selbst kann es sich nicht aus seinem ganzen Seelenwerkzeug, aus dem Gehirn heraus reflektieren. Der andere ist so gebaut, daß er die Möglichkeit hat, auf das einzugehen, was die Geisteswissenschaft in ihrer logisch ausgebildeten Weise zeigt, und der findet sich daher auch hinein in das, was im Grunde genommen schon in seiner Seele lebt.

So ist die Art und Weise, wie wir uns in die großen Kulturaufgaben der Gegenwart oder der Zukunft hineinstellen müssen. Nur wenn wir erkennen, wie die Gesamtpersönlichkeit des Menschen sich zu dem verhält, was der Mensch nach und nach im Laufe seiner Entwicklung und Erziehung von neuen Wahrheiten aufnehmen kann, von solchen Dingen, die sich nun wirklich mit seiner Persönlichkeit vereinigen müssen, – wenn man wieder einmal eingesehen hat, wie im Grunde genommen das Seelisch-Geistige der Former, der Plastiker, der Künstler ist für das, was Leiblich-Seelisches ist, dann wird man auch einen größeren Wert darauf legen, die Entwicklung des Geistig-Seelischen beim Menschen so zu betreiben, daß er es – besonders in den Jahren, wo er der Erziehung zugänglich ist – machtvoll in bezug auf die Art, wie er auf das Leiblich-Seelische wirken kann, in die Hand bekommt. Wir müssen uns klar sein, daß in dieser Beziehung viel gesündigt werden kann. Wir sehen ja aus unseren Darstellungen, wie menschliche Vorliebe und so weiter viel mehr zur Formung der Anschauungen beiträgt als die reine Logik. Die reine Logik allein sprechen lassen könnte man erst, wenn überhaupt Begierden und Instinkte völlig schweigen. Vorher muß man sich klar sein, wenn wir glauben, irgendwo auf einem besonderen Gebiete die Anlagen eines Menschen einseitig gebildet zu haben, daß dann in einer merkwürdigen Weise dasjenige zutage tritt, was wir unberücksichtigt gelassen haben.

Nehmen wir an, wir erziehen einen Menschen so, daß wir nur die abstrakten Anlagen zum Ausdruck bringen, wie es in der Schule häufig gemacht wird. Dann können die reinen Begriffe und abstrakten Ideen nicht in das ganze Gemüts- und Gefühlsleben eingreifen. Das bleibt dann unentwickelt, ungebildet und tritt uns später in allen möglichen trivialen Lebensführungen hervor. Zwei Naturen sind dann später oft im Leben sichtbar. Selbst bei Leuten, die hochstehen, macht sich – wenn sie nicht in sich haben hineinentwickeln können, was in den Tiefen der Persönlichkeit sitzt – Vorliebe, Neigung, Sympathie, die tiefer sitzt, in anderer Weise geltend. Welcher Prüfling hätte es nicht erfahren, wenn er einem noch so gescheiten Examinator gegenübersteht, der vieles in seiner Wissenschaft zu überschauen vermag, wie diese Einseitigkeit dadurch zum Ausdruck kommt, daß er eine Vorliebe dafür hat, wie *er* gerade die Antworten hören will! Und wehe manchem Prüfling, wenn er das, was er sagen soll, nicht in die Worte zu kleiden versteht, wie der Examinator sie haben will!

In einem Buche über Seelenkunde von *Moriz Benedikt* ist gerade über die Fehler der menschlichen Erziehung nach dieser Richtung hin manches Richtige gesagt. Auch das, was eine Wahrheit ist: daß einmal zwei Prüflinge geprüft wurden von zwei Examinatoren, und es stellte sich das Malheur heraus, daß zum Examinator A. der eine zu Prüfende die Antworten so gab, wie wenn der Examinator B. die Fragen gestellt hätte. Hätte er diesem die Antworten geben dürfen, so hätte er die Prüfung glänzend bestanden. Und der andere der Kandidaten war in dem umgekehrten Fall. Daher fielen beide durch!

Das kann uns zeigen, wie ganz gut in logische Formen einzukleiden ist, was unanfechtbar ist. Sobald wir aber nicht in der Lage sind, unsere Begriffe in die Gedankenerziehung während der Erziehung einzutauchen, ist kein geeignetes Feld zu finden, um von hier aus am Menschen zu bilden. Wie müssen wir uns denn dann zum Menschen verhalten? Wir müssen uns so verhalten, daß wir in der Zeit, wo der Mensch vorzugsweise noch plastisch gebildet werden soll und wo abstrakte Begriffe und Ideen am wenigsten wirksam sind, ihm möglichst wenig mit abstrakten Begriffen und Ideen kommen, sondern mit solchen Ideen, die möglichst bildhaft sind. Deshalb habe ich so hervorgehoben, daß das Bildhafte, das Anschauliche, welches sich möglichst wenig von dem entfernt, was Bild, Gestalt, Umriß hat, in die Begriffe aufgenommen wird. Denn was so als Bild, als Gestalt oder als Gestalt der Phantasie aufgenommen wird, hat eine große Kraft, in unsere Leibesorganisation einzugreifen. Daß das Bildhafte, was uns in der Gestaltung entgegentritt, in die Leibesorganisation eingreift, können Sie schon daraus entnehmen, daß Sie sehen, wie wenig es hilft, wenn Sie einem Kranken, der in einer bestimmten Situation ist, einreden: Das sollst du tun, das sollst du lassen. – Das hilft sehr wenig. Wenn Sie aber einen Apparat hinstellen, der einer Elektrisiermaschine ähnlich ist, so daß sich der Kranke dieses Bild machen kann, ihm zwei Handgriffe in die Hand geben, gar keinen Strom durchlassen, – wenn er nur das Bild vor sich hat, dann verspürt er den Strom, und dann hilft's! Überall aber, wo so schön deklamiert wird, daß die Einbildungskraft eine große Rolle spielt, müssen wir uns klar sein, daß es sich dabei nicht um jede Einbildungskraft handelt, sondern nur um die bildliche.

Wir leben in einem Zeitalter, in welchem es nach und nach Usus geworden ist, daß dem Grundsatz der Geisteswissenschaft: daß der Mensch erst zwischen dem vierzehnten, sechzehnten Jahre und dem einundzwanzigsten, zweiundzwanzigsten Jahre fähig wird, Begriffe und Ideen auszubilden, daß man da Begriffe aufnimmt, die erst später ausgebildet werden sollen – sehr wenig gehuldigt wird; sondern heute wird der Mensch schon vor Ablauf dieses Lebensalters reif, um über und unter dem Strich Zeitungsartikel zu schreiben, die gedruckt und dann von den Leuten hingenommen werden. Da ist es dann schwer, abstrakte Begriffe bis zu dem charakterisierten Zeitalter fernzuhalten und das Bildhafte, das Anschauliche dem Menschen vor Augen zu führen. Denn das Bildhafte hat die Kraft, in die leiblich-seelische Organisation einzugreifen.

Was ich jetzt sage, können Sie immer bestätigt finden, nur gibt man nicht immer darauf acht. Moriz Benedikt klagt zum Beispiel darüber, daß viele Gymnasiasten oft im späteren Leben so ungeschickt sind. Woher kommt das? Weil die ganze Erziehung so unanschaulich ist, so wenig auf das Anschauliche eingeht und sich nur an abstrakte Begriffe hält, sogar bei dem Lehren der Sprachen. Dagegen können wir Bildhaftes, das an uns herantritt, weil die Gegenstände selbst uns in Bildern entgegentreten, bis in die Hand hinein fühlen. Da könnte man sagen: Wenn du einen Gegenstand vorstellen willst, mußt du dich so bewegen, daß du mit der Hand im Kreise oder in der Ellipse das Zusammenwachsen fühlst mit dem Gegenstande in Bildern. Nicht bloß das Nachahmen in der Handfertigkeit, sondern das Fühlen und Liebenlernen der Dinge zeigt uns, wie bildhaftes, anschauliches Vorstellen uns in die Glieder zuckt, uns die Glieder gelenkig und beweglich macht. Wir können ja heute viele Menschen finden, die, wenn ihnen ein Knopf abgerissen ist, sich keinen neuen wieder annähen können. Das ist ein großer Nachteil. Das Wichtige ist, daß wir mit allem, was wir haben, eingreifen können in die Außenwelt. Alles können wir natürlich nicht lernen. Aber das können wir lernen, wie das Geistig-Seelische herunterrutscht aus dem Geistigen in das Leiblich-Seelische und unsere Glieder gelenkig macht. Und niemand, den wir in der Jugend angewiesen haben, dasjenige nachzufühlen, was außer ihm ist, wird später im Leben ein ungeschickter Mensch sein. Denn was schon unter der Schwelle unseres Bewußtseins liegt, kann am wesentlichsten an unserer Organisation arbeiten. Das gilt auch in bezug auf die Sprache. Man lernt eine Sprache am besten in der Zeit, wo man noch gar nicht in der Lage ist, diese Sprache grammatisch zu verstehen, denn da lernt man mit dem Teil der Seelenwesenheit, der tieferen Schichten angehört.

So hat sich die Menschheit entwickelt – so muß sich der einzelne Mensch entwickeln. Ich habe schon an anderer Stelle darauf hingewiesen, wie *Laurenz Müllner* bei einer Rektoratsrede aufmerksam machte auf die Peterskirche in Rom, wie sie großartig dasteht, wie da hineingeheimnißt sind die Raumesgesetze in die Mechanik des Kuppelbaues, so daß man die Raumesmechanik in der wunderbarsten Weise zum Ausdruck gebracht sieht. Nun wies er aber darauf hin, daß die Gesetze, welche Michelangelo darin zum Ausdruck gebracht hat, dann Galilei durch seinen hochfliegenden Geist gefunden hat und uns dadurch erst die mechanische Wissenschaft gegeben hat. Ich habe auch darauf aufmerksam gemacht, daß der Todestag Michelangelos fast zusammenfällt mit dem Geburtstage Galileis, so daß die abstrakten Gesetze der Mechanik – was in der Bewußtseinsseele des Menschen lebt – später aufgetreten sind als das, was aus den tieferen Seelengliedern heraus Michelangelo in den Raum hineingebaut hat. Wie sich die höheren Seelenglieder auf Grundlage der niederen entwickeln, wie wir auf Grundlage der Anlagen unsere Glieder ausbilden müssen, um dann auf sie zurückzuschauen und einen Begriff von ihnen zu bekommen, so ist es auch im einzelnen Leben. Auch im einzelnen Leben muß der Mensch von der menschlichen Gesellschaft umgeben sein, muß sich hineinstellen in das, was ihn wie in eine Atmosphäre taucht, in das Geistig-Seelische unserer Umgebung. Dann wird das, was der Mensch in das Dasein hereinbringt, geformt und gebildet. Aber der Mensch bringt nicht nur herein, was ihm aus der Vererbungslinie mitgegeben wird, sondern das wird in der mannigfaltigsten Weise durch ein Drittes, durch die ewige Individualität des Menschen bestimmt. Diese Individualität des Menschen braucht die vererbten Eigenschaften, muß sie sich aneignen und ausbilden. Das steht auch höher als das, was mit unserer Individualität ins Dasein tritt. Wir treten mit der Geburt ins Dasein: eine schaffende, produktive Geistigkeit eignet sich, wo wir noch nicht Begriffe bilden können, den plastischen Stoff aus der Vererbungslinie an. Später erst wird die Bewußtseinsseele hinzugefügt. So sehen wir auf ein Individuelles in der Menschennatur, das plastisch die Fähigkeiten und Talente gestaltet. Wenn wir Erzieher werden, ist es unsere Aufgabe, daß das, was wir so als ein geistiges Rätsel betrachten, bei jedem Menschen von neuem gelöst werden muß.

Das alles weist uns auf eine Stimmung hin. Als Goethe bei der Ausgrabung von Schillers Knochen dessen Schädel fand und sah, wie da die Formen ausgeprägt sind, wie die menschliche Individualität daran gearbeitet hat, als er sah: in diese Form mußte sich der flüssige Geist Schillers hineingestalten, damit er das werden konnte, was er geworden ist – konnte Goethe das mit den Gedanken ausdrücken:

> Was kann der Mensch im Leben mehr gewinnen,
> Als daß sich Gott-Natur ihm offenbare?
> Wie sie das Feste läßt zu Geist verrinnen,
> Wie sie das Geisterzeugte fest bewahre.

Einen solchen Ausspruch Goethes muß man aus der Situation heraus verstehen. Wer ihn nimmt, ohne darauf zu sehen, was sich als Geist-Erzeugtes in der festen Form ausprägt, versteht ihn falsch. Der aber auch versteht ihn nicht, der nicht weiß, wie tief Goethe Einsicht in das ewige Weben einer Individualität hatte, die von Geburt zu Geburt geht und sich immer wieder neu verkörpert und der eigentliche Architekt des Menschen ist. Wie wir vom Geiste die Organe erhalten haben, die wieder Organe des Geistes sind, das kann man im Grunde genommen durch einen kindlichen Vergleich in einfacher Weise sagen: Die Uhr zeigt uns die Zeit an, aber wir könnten sie nicht brauchen, wenn sie nicht erst der menschliche Geist geformt hätte. – Unser Gehirn brauchen wir zum Denken in der physischen Welt, aber wir könnten es nicht zum Denken brauchen, wenn es der Weltengeist nicht geformt hätte. Und wir würden es nicht mit einer solchen Individualität ausgebildet haben, wenn nicht unsere Individualität selbst sich ausgegossen hätte als ein Geist-Erzeugtes in unser so aus dem Menschengattungsmäßigen heraus gebildetes Gehirn. Da verstehen wir tiefer, was wir heute äußern konnten, und was Goethe meinte, indem er auf dasjenige im Menschen hinwies, was im Wesen des Menschen für alle seine Talente und Fähigkeiten bestimmend ist, wie wenn die Sterne selber aufgefaßt würden wie irgendeine Situation der Welt, und wie das, was sich auswirkt im Inneren des Menschen als ein Ewiges, nur darum durch die Pforte des Todes geht, um zu neuen Entwicklungsformen vorzuschreiten. Kurz, wir dürfen zusammenfassen, was wir heute betrachtet haben, in die Stimmung der Goetheschen Gedanken, die er äußert in den «Orphischen Urworten»:

Wie an dem Tag, der dich der Welt verliehen,
Die Sonne stand zum Gruße der Planeten,
Bist alsobald und fort und fort gediehen
Nach dem Gesetz, wonach du angetreten.
So mußt du sein, dir kannst du nicht entfliehen,
So sagten schon Sibyllen, so Propheten;
Und keine Zeit und keine Macht zerstückelt
Geprägte Form, die lebend sich entwickelt!

Dieser vor Mitgliedern der Anthroposophischen Gesellschaft am 25. Februar 1911 in Zürich gehaltene Vortrag ist dem Sammelband «Die Mission der neuen Geistesoffenbarung. Das Christus-Ereignis als Mittelpunktgeschehen der Erdenevolution» entnommen. Später, in den im Juni 1911 in Kopenhagen gehaltenen Vorträgen, behandelt Rudolf Steiner dieses Thema in anderen Zusammenhängen. Diese drei Vorträge erschienen, zum Druck bearbeitet, unter dem Titel «Die geistige Führung des Menschen und der Menschheit» (GA 15).

Die Arbeit des Ich am Kinde. Ein Beitrag zum Verständnis der Christus-Wesenheit

Wenn man einen öffentlichen Vortrag hält wie den gestrigen über «Geisteswissenschaft und Menschenzukunft» oder einen ähnlichen, so ist man genötigt, sehr deutlich mit der Empfänglichkeit unserer gegenwärtigen Welt zu rechnen, sehr damit zu rechnen, daß diese Empfänglichkeit eine eingeschränkte ist. Man muß sich klar sein darüber, daß in unserer Zeit aus den geistigen Welten herunter allerdings schon Erkenntnisse fließen, welche der Menschheit als solcher notwendig sind, daß sie aber heute von den wenigsten unbefangen aufgenommen werden können. Die meisten Menschen, die nicht entsprechend sich für eine solche Aufnahme vorbereitet haben, würden das Tieferliegende unserer Geisteswissenschaft doch noch wie einen Schock empfinden, wie etwas, was sich phantastisch oder wie ein Traum ausnimmt.

Um so mehr müssen wir uns in bezug auf die wichtigsten Fragen weiter in das vertiefen, was wir unserem Gefühl und unserer Empfindung im Verlauf eines längeren Zweiglebens einverleiben konnten. Und da möchte ich darauf hinweisen, daß es notwendig ist, die große Wahrheit von der Einpflanzung des Ich in die menschliche Natur näher zu betrachten und diese große Wahrheit doch etwas komplizierter anzusehen, als man dies gewöhnlich tut.

Wir wissen, daß der Mensch zuerst während der alten Saturnzeit die Anlage zum physischen Leib erhalten hat, während der Sonnenzeit die Anlage zum Ätherleib, während der alten Mondenzeit die Anlage zum Astralleib, und daß eigentlich unsere Erdenentwicklung die Aufgabe hat, den übrigen Wesensgliedern das Ich einzuverleiben. Wenn wir am Ende der Erdenentwicklung angelangt sein werden, werden wir erst vollständig durchdrungen sein, so wie es geschehen kann, von der Ich-Natur. Betrachten wir den Erdenmenschen als solchen, können wir sagen, der eigentliche Mittelpunkt seines Wesens, das Zentrale in ihm ist die Ich-Natur. Aber da muß es uns auffallen, daß dieses Ich in den verschiedenen Perioden unseres gegenwärtigen Lebens doch in verschiedener Art mit uns verbunden ist, nicht immer in der gleichen Weise. Wir müssen uns überhaupt vorhalten, daß die verschiedenen Wesensglieder noch nicht gekannt werden, wenn wir nur wissen, daß der Mensch aus physischem, ätherischem, Astralleib und Ich besteht. Sehen wir nun, in welcher verschiedenen Weise diese Glieder miteinander verbunden sein können, sowohl in den verschiedenen Epochen der Menschheitsentwicklung wie auch im einzelnen Leben des Menschen.

Betrachten wir zunächst das Kind. Wir wissen, daß es verhältnismäßig spät lernt, zu sich «Ich» zu sagen. Das ist sehr bezeichnend. Wenn auch eine heutige Psychologie, die Wissenschaft sein will, das nicht begreift, ist es doch tief bezeichnend, weil das Kind zu der Vorstellung, zu dem inneren Erlebnis des Ich verhältnismäßig spät kommt. In den ersten Lebensjahren, ja bis zu drei oder dreieinhalb Jahren, hat das Kind, auch wenn es uns hie und da das Wort Ich nachplappert, noch kein richtiges Ich-Erlebnis. Da können Sie ein Buch finden, «Die Seele deines Kindes», von *Heinrich Lhotzky,* in dem der kuriose Satz steht, daß das Kind früher denken lernt als reden. Das ist Unsinn, weil das Kind am Reden das Denken lernt. Der geisteswissenschaftlich Strebende muß vorsichtig werden gegenüber dem, was heute als Wissenschaft auftritt. Das Kind lernt erst so recht im Ich leben, vom Ich zu wissen, etwa nach dem dritten Jahr.

Es hängt damit noch etwas anderes zusammen, nämlich daß wir uns im normalen Bewußtsein – also nicht im höheren, hellseherischen Bewußtsein – gar nicht hinter einen bestimmten Zeitpunkt unseres Lebens zurückerinnern. Denken Sie nach, wenn Sie zurückforschen, werden Sie erkennen, daß die Erinnerung einmal abreißt. Sie reicht nicht bis zur Geburt. Man kann manchmal das, was einem erzählt wird, verwechseln mit dem, was man selber erlebt hat, aber der Faden reißt ungefähr an derselben Stelle ab, wo das Ich-Erlebnis auftritt. Als kleines Kind hat man es nicht, man bekommt es erst, und dann fängt die dunkelste Erinnerung an.

Nun fragen wir uns: Wenn das Ich-Erlebnis in den ersten drei Jahren nicht da war, war da auch das Ich nicht da im Kinde? – Man muß unterscheiden, ob wir von dem, was in uns ist, etwas wissen, oder ob es ohne unser Wissen in uns ist. Das Ich ist im Kinde, nur weiß es nichts davon, so wie der Mensch im Schlaf mit dem Ich verbunden ist, aber nichts davon weiß. Es ist, daß wir von etwas wissen, nicht maßgebend dafür, daß etwas da ist. Wir müssen sagen: Das Ich ist da, aber es ist nicht bewußt beim Kinde.

Wie ist es denn mit dem Ich? – Ja, das hat seine eigene Bewandtnis. Wenn Sie das menschliche Gehirn rein physisch untersuchen würden, so würden Sie sehen, daß das Gehirn nach der Geburt im Verhältnis zur späteren Gestalt ziemlich unvollkommen aussieht. Manche von den feinen Windungen müssen erst später ausgestaltet, müssen erst in den nächsten Jahren plastisch ausziseliert werden. Das macht das Ich beim Menschen, und weil es das zu tun hat, deshalb kann es nicht zum Bewußtsein kommen. Es hat das Gehirn auszubilden als etwas anderes, in feinerer Gestalt so, daß es später denken kann. Das Ich ist sehr arbeitsam in den ersten Jahren.

Wenn nun dieses Ich bewußt wird, dann könnten wir vergeblich an dieses Ich die Frage stellen: Wie hast du es gemacht, daß du dieses Gehirn so kunstvoll ausgebaut hast? – Sie werden gestehen, daß das Ich im ganzen Leben zwischen Geburt und Tod nicht zu einem solchen Bewußtsein kommt, wie es das Gehirn herausgestaltet. Dennoch können wir uns diese Frage stellen. Und da erhalten wir die Antwort, daß das Ich bei seiner Tätigkeit unter der Anleitung der Wesenheiten der höheren Hierarchien steht. Wenn wir einen kindlichen Menschen vor uns haben und ihn hellseherisch betrachten, so ist sein Ich als Ich-Aura wohl da, aber von dieser Ich-Aura gehen die Strömungen zu den höheren Hierarchien, zu den Engeln, Erzengeln und so weiter, und herein strömen die Kräfte der Hierarchien. Wenn daher im naiven Bewußtsein gesagt wird, das Kind ist von einem Engel beschützt, so ist dies eine sehr reale Wahrheit. Später hört dieser engere Zusammenschluß auf: das Ich erlebt sich mehr in den Nerven und kann seiner selbst bewußt werden. Es ist das eine

Art Abschnürung. So haben wir im kindlichen Menschen eine Art «Telefonverbindung», indem das Ich sich fortsetzt in die göttlich-geistigen Hierarchien. Wir müssen geisteswissenschaftliche Aussprüche ernst nehmen. Ich habe einmal gesagt: Der Weiseste kann von einem Kinde viel lernen. – Er kann auch aus dem Grunde viel vom Kinde lernen, weil er nicht bloß das Kind selber zu sehen braucht, er sieht auch durch dieses in die geistige Welt hinein, denn das Kind hat den «Telefonanschluß» zur geistigen Welt, der später durchschnitten wird. So daß wir in den ersten drei Jahren ein ganz anderes Wesen vor uns haben im Menschen als später. Wir haben ein kindliches Ich, das plastisch arbeitet unter der Anleitung der Wesen der höheren Hierarchien an der Ausgestaltung der menschlichen Denkwerkzeuge. Dann geht es da hinein, kann aber nicht mehr daran arbeiten. Es müssen dann die menschlichen Denkwerkzeuge schon ausgestaltet sein. Sie können sich wohl weiter entwickeln, aber das Ich kann nicht mehr daran arbeiten.

Wir können also schlechtweg den Menschen trennen in den Menschen, der in den ersten dreieinhalb Jahren vor uns steht, und in den übrigen Menschen. Im Esoterischen nennt man den ersten Menschen den göttlichen Menschen, weil er in Beziehung steht zu den höheren Hierarchien, oder den Gottessohn; den anderen nennt man den Menschensohn. In diesem ist das Ich darin und bewegt die Glieder und arbeitet, soweit noch gearbeitet werden kann, von innen heraus. So daß wir unterscheiden müssen zwischen Gottessohn und Menschensohn.

Wir haben uns also eine Kluft zu denken zwischen dem Gottessohn und dem Menschensohn. Der Gotessohn, der vorzugsweise tätig ist bis zu dreieinhalb Jahren, enthält alle belebenden Kräfte, das was dem Menschen den Ansporn gibt, immer mehr und mehr Lebenskräfte in seinen Organismus hineinzugießen. Diese Kräfte enthalten auch etwas Aufbauendes, Gesundendes, Belebendes im Verhältnis zum späteren Menschen. Wenn wir im späteren Lebensalter nicht bloß den Menschen haben wollen, der auf seine Sinne angewiesen ist und auf die Werkzeuge seines physischen Leibes, und sich dadurch mit seiner Umwelt in Verbindung setzt, sondern wenn wir auch im späteren Leben in die geistige Welt hinaufragen wollen, dann müssen wir versuchen, auf eine künstliche Weise etwas von diesen Kräften in uns wachzurufen; wir müssen appellieren an die Kräfte, die in uns sind im ersten Kindesalter, nur mit dem Unterschied, daß wir sie jetzt bewußt wachrufen, während das Kind sie unbewußt wachruft. So sehen wir denn, daß der Mensch in dieser Beziehung eine Zweiheit ist.

Was kommt in dieser Kraft der ersten dreieinhalb Jahre eigentlich zutage? In diesen Kräften, die da unter der Leitung der höheren Hierarchien arbeiten, kommt das zur Geltung, was aus früheren Inkarnationen herüber wirkt. Sie können sich leicht davon überzeugen, wenn Sie den menschlichen Schädel abgreifen. Da finden Sie individuelle Erhöhungen und Vertiefungen. Kein Schädel ist dem anderen gleich, daher gibt es auch keine allgemein gültige Phrenologie. Sie muß individuell zu Werke gehen. Die Kräfte, die im menschlichen Schädel arbeiten, kommen aus früheren Inkarnationen herüber, und sie hören auf, ihre Stoßkraft zu haben, wenn diese dreieinhalb Jahre vorüber sind. In diesen dreieinhalb Jahren ist alles noch biegsam, da kann der Geist noch hineinarbeiten. Später ist alles fest geworden, dann kann er nicht mehr hineinarbeiten.

Was macht es denn nun, daß wir später nicht mehr arbeiten können mit diesen Kräften? Woher kommt es? Es kommt von unserer speziellen Erdenentwicklung. Nachdem das Ich im Leibe seiner selbst bewußt geworden ist, setzt das voraus, daß der Leib festgefügt ist und nicht mehr von den eben charakterisierten Kräften bearbeitet werden kann. Wir haben es mit solchen Kräften zu tun, die dem Menschen als Artwesen, als Gattungswesen eigen sind, die ihn aufbauen in Menschenarchitektur. Wenn wir länger als die dreieinhalb Jahre, welche die angemessene Zeit sind, mit den Kindheitskräften im physischen Leibe arbeiten würden, würde dieser physische Leib dies nicht aushalten. Er würde zerreißen, würde zerbrechen, denn es werden nun die Kräfte wirksam, die ihn von der physischen Vererbungslinie her festmachen. Würde die andere Kraft nicht aufhören, so würde er zerbrechen, auseinandergehen, er würde es nicht aushalten. Wir sinken unter in unseren Menschensohn; der

Gottessohn kann nicht mehr aufkommen gegen unseren Menschensohn nach drei Jahren. Aber wir tragen dennoch diesen Gottessohn in uns; es wirken diese Kräfte innerhalb des physischen Leibes das ganze Leben hindurch, nur können sie sich nicht mehr direkt am Aufbau beteiligen. Wenn wir in uns hineinschauen, so finden wir doch die Fortsetzung des Ich, das den «telefonischen Anschluß» hatte. Nur ist der physische Leib zu derb, zu grob, zu verholzt, als daß der Gottessohn weiter plastisch daran gestalten könnte.

Die besten Kräfte sind in diesen ersten drei bis dreieinhalb Jahren enthalten; wir zehren das ganze Leben davon. Sie werden verdunkelt, aber sie sind in den späteren Jahren doch in der verschiedensten Art vorhanden. Es ist so, wie wenn wir von diesen Kräften durchsetzt würden und sie nur nicht unmittelbar ausleben lassen könnten. Wenn wir durch die Geisteswissenschaft Begriffe von den höheren Welten aufnehmen wollen, so können wir dies um so besser, je mehr wir von dem in uns haben, was in den ersten drei Jahren in uns war, wo das Ich selbstlos in uns war. Je frischer, je biegsamer diese Kräfte sind, je weniger greisenhaft sie bis ins hohe Alter geworden sind, desto mehr eignen wir uns dazu, uns durch diese Kräfte des Geistes umzugestalten. Es ist der Menschheit bestes Teil, was wir in diesen drei Jahren um uns haben. Nur der dichte physische Leib hindert uns leider, diese Kräfte voll zu gebrauchen. Wenn sie jemand in späteren Jahren besonders entwickeln kann, so kann er dadurch nicht mehr seinen physischen Körper umändern, er ist nicht mehr so weich wie Wachs. Aber wenn er sie voll gebrauchen kann durch esoterische Weisheit, dann fließt diese Kraft aus durch die Fingerspitzen, und er bekommt die besondere Gabe der Heilung, der Gesundung durch Handauflegen – wenn sie noch wirksam sind, jene geistigen Kräfte, die nicht mehr den eigenen Körper umgestalten, die aber, wenn sie ausfließen, segensreich wirken.

Das Ziel der Erdenentwicklung ist, diese besten Kräfte in uns nach und nach zur Geltung zu bringen. Wenn die Erdenentwicklung zu Ende sein wird und wir durch die vielen Inkarnationen durchgegangen sein werden, werden wir uns ganz durchdrungen haben müssen bewußt mit dem, was wir unbewußt haben in den ersten Kindheitsjahren. Es ist ein Unterschied, ob wir diese Kräfte unbewußt haben oder bewußt. Die Menschen werden dann ganz durchdrungen sein müssen von einem solchen kindhaften Bewußtsein. Und es wird dann, weil es nur langsam ausdehnen wird seinen Körper, ihn auch nicht zersprengen.

In der Weltentwicklung mußte ein Vorbild gegeben werden für dieses Hereintreten der Kindheitskraft in die Menschheit. Daß dieses Vorbild nicht im Kinde gegeben werden konnte, ist selbstverständlich. Es mußte ein Mensch, der schon ein gewisses Alter erreicht hat, durchdrungen werden in bewußter Weise mit denselben Kräften, die in der ersten Kindheit unbewußt den Menschen durchdringen. Würden wir einen Menschen vor uns haben, dem wir sein Ich herausnehmen, entfernen, den wir leer machen von diesem Ich, und würden wir dasjenige, was das Kind in den ersten Lebensjahren hat, hineingießen, so würde er das mit dem entwickelten Gehirn zum Bewußtsein bringen. Es wäre das in ihm bewußt, was in den ersten Kindheitsjahren in ihm war. Wie lange erträgt ein Menschenleben auf Erden diese Elemente? Drei Jahre, länger nicht, dann muß er darunter zerbrechen. Wenn es sich nicht umwandeln kann – beim Menschen wandelt es sich um in der gewöhnlichen Entwicklung –, dann erträgt es der Menschenleib nicht länger als drei Jahre. Sollte es überhaupt einem Wesen möglich sein, die Kindheitskräfte bewußt in sich zu tragen, dann muß das Karma dieses Menschen so eingerichtet sein, daß nach drei Jahren der physische Leib, in den dieses Wesen versenkt ist, zerbricht.

Es ist also denkbar, daß das, was der Mensch durch alle Inkarnationen bis ans Ziel der Erdenentwicklung erlangt, durch ein Vorbild in die Welt gebracht wird, indem ein Mensch in die Welt gestellt würde, der durch seine Leiblichkeit es möglich macht, daß sein Ich entfernt und ein anderes Wesen ihm eingepflanzt wird, welches seinen Inkarnationen nach den Weg hierzu offen hat. Dann würde der menschliche Leib nicht länger dieses Wesen in sich dulden als drei Jahre. Es würde dann der menschliche Leib zerbrechen seinem Karma nach. Das ist geschehen. Wir sehen bei der Johannestaufe im Jordan diesen Menschenleib, der geeignet war, daß sein Ich, das Zarathustra-Ich, heraustrat.

Dann senkte sich ein Wesen in diesen Leib. Die Christus-Wesenheit füllte ihn aus, konnte aber nur drei Jahre darin bleiben. Nach drei Jahren zerbrach es diesen Leib im Mysterium von Golgatha.

Was damals drei Jahre im menschlichen Leib leben konnte, das muß der Mensch hegen und pflegen und nach und nach durch Inkarnationen wesenhaft in seiner Seele lebendig machen, damit es am Ende der Inkarnationen voll und ganz in der menschlichen Wesenheit gegenwärtig sein kann. Wir sehen da einen merkwürdigen Zusammenhang zwischen dem Gottessohn im Menschen und dem Christus-Ereignis. Denn alle die Dinge, die wir auf okkultem Felde finden, können von verschiedenen Seiten beleuchtet werden. Solche Beweise, wie sie die gewöhnliche Wissenschaft verlangt, können dem Okkultismus nicht genügen. Sie müssen dadurch überzeugend werden, daß Wahrheiten von allen Seiten zusammengetragen werden, die sich gegenseitig halten und tragen. Wir können das Christus-Ereignis wieder von einer neuen Seite kennenlernen, indem wir es heute aus der menschlichen Natur selber abgeleitet haben. Wir haben uns klargemacht, wie wir am besten den Christus begreifen, indem wir die Gesinnung entwickeln, die sich durch solche Wahrheit ergibt. Wir müssen uns klarmachen, daß bei voll entwickeltem Menschenleib durch die Jordantaufe ein Wesen im Leibe des Jesus von Nazareth war, welches in jedem Menschenleib weset, aber nur unbewußt, in den drei ersten Jahren des Lebens. Und schauen müssen wir da auf die drei Jahre, wo dieses Kind ins Bewußte umgesetzt ist. Dann lernen wir das Christus-Wesen am besten kennen.

Alte Aussprüche haben einen verschiedenen Sinn. Ein solcher Sinn ergibt sich uns auch aus dem Ausspruch: Wenn ihr nicht werdet wie die Kindlein, so könnt ihr nicht eindringen in die Reiche der Himmel. – Da sehen wir tief hinein in den tieferen Sinn, der manchmal in einzelnen Sätzen der religiösen Urkunden liegt.

Betrachten wir dieses kindhafte Leben besonders in dieser Zeit, in der es sich nun recht herausentwickelt. Die Wissenschaft weiß heute noch nicht viel von dem, was beitragen kann, den Menschen in seiner wahren Wesenheit zu studieren. Da muß es uns erst einmal klar sein, daß der Mensch sich von Anfang an ganz radikal unterscheidet von allen übrigen Wesen. Wenn Sie etwas Nahestehendes, etwa ein Affenwesen, betrachten: Es ist diesem von allem Anfang an durch eine eigentümliche Gleichgewichtslage eingepflanzt sein Gang; durch die eigentümliche Gleichgewichtslage, wie seine Glieder angebracht sind. Der Mensch kann zunächst überhaupt nicht gehen, er muß erst die Gleichgewichtslage im Leibe erringen. Er muß seine Glieder durch die Arbeit seines Ich in jene Lage bringen, in der er sich aufrechterhalten und gehen kann. So muß dieses Ich in den ersten Kindheitsjahren nicht nur daran arbeiten, das Gehirn plastisch auszugestalten, es muß auch die Gleichgewichtslage erringen, die dem Menschen nicht so von vorneherein gegeben ist wie den Tieren. Der Mensch muß seine Knochen erst in die Winkelrichtung bringen, die er gemäß seinem Schwerpunkte haben muß, um gehen zu können, um seinen Weg zu finden. Dem Tier ist dieses von vorneherein eingepflanzt, bis herauf zum höchsten Tier. Beim Menschen muß dies erst durch die Arbeit des Ich nach und nach errungen werden. Vorher kriecht er oder fällt um. So würde der Mensch an den Boden gefesselt sein, an denselben Ort, wenn sein Ich nicht arbeiten würde in den ersten Jahren seines Lebens.

Wir haben schon gesehen: das Ich arbeitet an seinem Gehirn, ziseliert es so aus, daß wir später erkennende Wesen werden. So daß wir sagen können: Wir eignen uns Erkennung der Wahrheit im Leben dadurch an, daß das Ich sein Werkzeug formt. – Es muß uns klar sein, daß es ein Weiterleben gar nicht geben kann, ohne daß wir es erarbeiten.

Was ferner den Menschen so radikal unterscheidet von allen anderen Wesen, ist seine Sprache. Die Sprache muß auch erst errungen werden durch das Ich. Der Mensch ist nicht veranlagt zu sprechen. Zu dem, wozu der Mensch von vorneherein veranlagt ist, gehört die Sprache nicht. Gewiß, die Kuh sagt Muh; aber das ist noch keine Sprache. Die Erwerbung der Sprache hängt davon ab, daß das Ich unter anderen Menschen-Ichen weilt. Wenn der Mensch auf eine ferne Insel verpflanzt wird, lernt er nicht sprechen. Daß wir die zweiten Zähne bekommen, ist uns angeerbt; daß wir wachsen, ist uns angeerbt. Wir würden auch Zähne bekommen, wenn wir auf einer einsamen Insel wären. Die

Sprache aber erwerben wir uns durch das Ich im Kreise des menschlichen Lebens. Diese Unterschiede sind wichtig. So daß in dem, was wir menschliches Leben nennen, die Sprache das Dritte ist, was unser Ich sich aneignet.

Durch die Betätigung dieser Kräfte findet der werdende Mensch den Weg auf Erden, er erkennt die Wahrheit, und er lebt mit der Umwelt das menschliche Leben mit. Wenn das Kind aussprechen könnte, was es so erwirbt, könnte es sagen: Das Ich in mir verwandelt mich so, daß ich bin der Weg, die Wahrheit und das Leben. – Denken Sie sich das umgesetzt ins höhere Geistige, Spirituelle: wie muß zu den Menschen ein Wesen sprechen, das mit voll bewußten Kindheitskräften drei Jahre im menschlichen Leibe lebt? Es muß sagen: Ich bin der Weg, die Wahrheit und das Leben. – In der Tat, indem die Kindheitskräfte auf eine höhere, voll bewußte Stufe heraufkommen, haben wir darin wiederum das große Vorbild dessen, was sich im Kinde auf niederer Stufe zeigt. Wie eine Grundwahrheit geht es durch den Christus Jesus. Nicht nur der Ausspruch: Wenn ihr nicht werdet wie die Kindlein, könnt ihr nicht eingehen in die Reiche der Himmel –, kann nicht erfaßt werden, wenn man nicht weiß, was Geisteswissenschaft von dem eigentlichen Zusammenhang mit den belebenden Kindheitskräften zu sagen hat, sondern auch das, was wie ein radikaler Ausspruch klingt: «Ich bin der Weg, die Wahrheit und das Leben», begreifen wir am besten, wenn wir das Vorbild sehen in dem, was das Ich erarbeitet im kindlichen Leibe.

Aus solchen Dingen eignen wir uns an, was uns die Möglichkeit gibt, doch wenigstens für die Seele, wenn auch nicht für den Leib, etwas von den belebenden Kräften durchzubringen, die wir wieder brauchen auf der Erde. Der heutige Mensch, sofern er nicht die geistige Welt anerkennt, hat gar kein richtiges Gefühl für solche Tatsachen. Gehen Sie zu zahlreichen Menschen, die draußen im äußeren Leben stehen, und sagen Sie zu ihnen etwas, wie das, was heute hier gesagt worden ist: Wenn ihr nicht werdet wie die Kindlein, so könnt ihr nicht eingehen in die Reiche der Himmel –, so werden Sie sehen, daß die Leute draußen sagen: Nun ja, das sind ganz geistreiche Vergleiche, aber was soll man damit anfangen? – Die Leute werden es nützlicher finden, irgendein Sensationsdrama, wenn nicht Schlimmeres anzusehen. Wer nicht so recht ein Gefühl dafür hat, daß diese Wahrheiten eine Bedeutung haben, wird sie wenig berechtigt finden, weil in dem Gefühl für solche Dinge gerade die Kraft liegt, die kindliche Auffassungsgabe hereinzutragen in unser Leben. Wenn wir nicht dazu kommen, Sympathie und Enthusiasmus für so etwas zu haben wie den Vergleich des Christus mit der Tätigkeit des menschlichen Ich in den ersten Lebensjahren, wenn wir fähig sind, so etwas für kindisch zu halten, dann haben wir keine Begabung dafür, die ersten Kindheitskräfte wachzurufen. All die vertrockneten Gelehrten haben so wenig Kraft, die ersten Kindheitskräfte wachzurufen und dadurch zur spirituellen Welt zu kommen! Wenn wir dafür Enthusiasmus haben, uns mit so etwas zu beschäftigen, dann wirkt das in unserer Seele so, daß wir uns durchdringen mit diesen Kräften der ersten Kindheit.

Damit ist aber etwas von dem gegeben, was dem Menschen möglich macht, sein Christentum weitherzig zu erhalten. Habe ich nicht oft gesagt, wir stehen erst im Anfange einer Auffassung des Christus? Da gab es Jahrhunderte hindurch bis ins 12., 13. Jahrhundert ein Christentum, das hatte nicht die Möglichkeit, die Bibel zu lesen, es mußte sich halten an die Predigten und an das, was die Geistbeseelten sagten. Dann kam das Christentum, das sich an die Bibel hielt, das sein Wissen von dem bekam, was in der Bibel steht. Und wir sind nicht eingedenk der Christus-Kraft, wenn wir nicht daran festhalten, daß Er wirklich seinen Ausspruch wahrgemacht hat: «Ich bin bei euch bis an das Ende der Zeiten.» Christen sind wir, wenn wir darüber klar sind, daß in jedem Zeitalter der Christus, nachdem er sich einmal manifestiert hat, sich wieder manifestieren wird für jeden, der ihn sehen will. Der Christus ist nicht so arm, daß er nur das zu sagen hat, was in den Evangelien niedergelegt ist. Wir dürfen uns nur nicht immer berufen auf die Worte: «Ihr könntet es jetzt noch nicht ertragen», sondern es mache sich die Menschheit reif, den Christus zu erkennen.

Zu solchen Dingen gehört es, daß wir uns in der richtigen Weise zu stellen vermögen zu dem, was durch die Johannestaufe sich ergießt, zu den gesunden, befruchteten Kräften des Kindheitsalters. Das wäre eine tief befruchtende Idee. Auch wenn kein Mensch etwas wüßte von dem Namen des Christus und von den Evangelien – wir sind durchaus nicht darauf aus, uns am Namen zu halten –, es kommt auf das Wesen an. Anderen überlassen wir es zu sagen: Wer nicht auf Buddha schwört, ist kein richtiger Bekenner. – Nicht am Namen, sondern an die Sache halten wir uns. Das tun wir zum Beispiel, indem wir erkennen, wie in den ersten Lebensjahren Kräfte im Menschen sind, die einmal sich niederließen auf den Leib des Jesus von Nazareth.

Denken Sie, Sie wären auf einer einsamen Insel, wo gar keine Urkunde über das Mysterium von Golgatha je hingekommen ist: wenn Menschen da so arbeiten, daß sie durch ihr spirituelles Leben vollbewußt die Kraft des ersten Kindheitsalters aufnehmen bis ins höchste Alter hinauf, wären sie Christen im wahren Sinne des Wortes. Dann brauchen sie nicht in den Evangelien zu suchen, denn das Christentum ist etwas Lebendiges, und es wird sich weiter und weiter fortentwickeln. Das ist etwas, was wir im Unterschied streng festhalten müssen. Dann werden wir immer klarer werden können darüber, wie innig eigentlich zusammenhängt die Christus-Mission mit dem ganzen Erdenwesen. Wir werden uns dann sagen können, diese Christus-Mission ist etwas, was wir am heutigen Menschen selber erkennen können. Die Notwendigkeit der Durchchristung, des Auslebens des Paulinischen Spruches «Christus in mir» ergibt sich dadurch, daß wir sagen: Wir müssen uns mit der Umwandlung dessen, was in der ersten Kindheit in uns lebt, das ganze Leben durchdringen, dann ist der Christus in uns.

Dies gibt durchaus die Möglichkeit, das Christentum im weitherzigsten Sinne zu erfassen, und die Perspektive, daß das Christentum ganz andere Formen annimmt. Es werden Zeiten kommen, wo man den Christus ganz anders nennen wird, wo ganz andere Urkunden da sein werden, wo man gar nicht auf die äußere Geschichte hinweisen wird, daß einmal ein solches Wesen da war, sondern wo man aus dem Menschheitsbewußtsein heraus die Tatsache erkennen wird.

Alles dies bringen wir vor, weil wir gerade mit solchen Dingen immer wiederum zeigen können, wie Geisteswissenschaft in die ganze Gestaltung des Menschheitsfühlens denkbar tief eingreifen kann und zur Lebenspraxis werden muß. Dann wird uns von da aus erst richtig verständlich, was wir in Urkunden finden. Die Urkunden sind für viele Menschen denn doch ein Buch mit sieben Siegeln. Ein heutiger Mensch steht vor uns: am Ende der Erdenzeit ist er so weit, daß er innerlich seine Seele durchchristet hat, heute ist er erst am Anfang seiner Arbeit. Aber es lebt der Christus in ihm, und durch alle folgenden Inkarnationen wird er immer mehr und in immer weiterem Sinne in ihm leben.

Wie war es nun, bevor der Christus sich geoffenbart hat auf der Erde? Da war das Ich erst in Vorbereitung. Der Christus ist das, was dem Ich seinen Sinn gibt, so daß früher das Ich nur in Vorbereitung war. Jedesmal, wenn ein Wesen noch in Vorbereitung ist, müssen die Wesenheiten, die ihm vorangegangen sind, ihm helfen. Der Mensch war in Vorbereitung, seinem Ich einen Sinn zu geben, bis zu dem Ereignis von Golgatha. Bis dahin mußten ihm andere Wesen helfen, die früher die Menschheitsstufe erreicht haben, nämlich auf dem alten Monde. Wir wissen, daß das die Wesen der höheren Hierarchie der nächsten Stufe sind, die Engel. Sie stehen eine Stufe höher als der Mensch. Diese Wesenheiten haben vorzugsweise die Leitung der Menschheit zu übernehmen gehabt, so lange der Mensch noch nicht imstande war, zu Christus hinzublicken und zu sagen: Christus gibt meinem Ich den Sinn. – Daher konnte nicht der Mensch selber sich zu Christus hinführen, sondern er mußte von den Wesenheiten, die seine älteren Brüder sind, dahin geführt werden.

Das gibt die biblische Urkunde mit wunderbarer Genauigkeit wieder. Nehmen wir den Vorläufer des Christus Jesus, Johannes. Wenn er wirklich der Vorläufer sein soll, kann er nicht das Wesen sein, das in der äußeren Geschichte dargestellt ist, denn er hat noch nicht das Ich in dem Sinne, wie das jetzt dargestellt worden ist. Daher kann man nicht sagen, sein Vorläufer, der Täufer Johannes, ging voran. Merkwürdigerweise beginnt das Markus-Evangelium sogleich mit den Worten des Propheten: «Ich sende meinen Engel vor dir her, der soll dir den Weg bereiten.» Das heißt, es muß etwas beachtet werden, was man so abstrakt in Theologenkreisen wohl sieht, wenn man aber ins Konkrete geht, sehen die Menschen darüber hinweg. Die äußere Welt ist zunächst eine Maja. Wir müssen erst lernen, sie in richtiger Weise anzuschauen, dann ist sie nicht mehr Maja. Wenn die äußeren Ereignisse auf dem physischen Plane von Johannes erzählt werden, so ist das Maja. Wir verstehen sie nicht. Die Bibel sieht die Person des Johannes als Maja an. In Johannes lebt, von seiner Seele Besitz nehmend, ein Engelwesen, das die Menschen zu Christus führt. Er ist eine Hülle für die Offenbarung der Engelwesenheit. Der Engel konnte in ihn hineingehen, weil der wiedergeborene Elias bereit war, den Engel aufzunehmen. Da sprach der Engel aus ihm, der wurde hingeschickt, der bedient sich nur des Johannes als Werkzeug. So genau spricht die Bibel.

So daß wir sagen können: Der Mensch konnte nur dadurch zu dem Ich hingeführt werden, daß diejenigen, welche die Menschheitsstufe auf dem alten Monde vollendet hatten, in der vorchristlichen Zeit die Lenker der Erdenmenschen wurden. Alle alten Menschheitsführer sind dadurch die Lenker geworden, daß Engel durch sie wirkten. Was würde mit dem modernen Menschen geschehen? In vorchristlichen Zeiten wirkten die Engelwesen in sein Wesen, weil der Mensch noch nicht das Ich als Eigenvorbild in sich hatte. Seit sie das Christus-Sonnenlicht haben, können die Menschen ihr Antlitz hinwenden zu Christus, und dadurch zieht wieder eine solche Kraft in ihn ein wie vorher die Engel. So wie er vorher die Engel aufnahm, muß der Mensch heute durch Hingabe an die Christus-Wesenheit den Christus aufnehmen. Hat noch Johannes sagen können: Nicht ich, sondern der Engel in mir ist hergesandt und benützt mich als Werkzeug, um vorzubereiten –, so muß heute der Mensch sagen wie Paulus: Nicht ich, sondern Christus in mir. – Er soll den Christus so verstehen lernen, wie Geisteswissenschaft ihn lehrt.

Man kann das aussprechen, was zum Beispiel heute über die drei ersten Lebensjahre gesagt worden ist. Die Notwendigkeit zu betonen, daß das kindliche Zeitalter seinen sonnigen Glanz über das ganze Leben ausbreitet, das ist Verchristen eines Menschen. Während die moderne Wissenschaft das Greisenhaftwerden, das Nicht-sich-Durchdringen mit den Sonnenkräften des

Kindesalters, das Vertrocknenlassen der Gehirnpartien und manches andere bewirkt.

Also nehmen wir von solchen Wahrheiten die Idee mit auf, daß es möglich ist, das Christentum wesenhaft zu erkennen, wenn man absieht von allen Urkunden und nur auf die Betrachtung des Menschen hinsieht. Wenn man Geisteswissenschaft nicht so anschaut, daß man sagt: Nun weiß ich, daß der Mensch aus vier Gliedern besteht, aus physischem, Äther-, Astralleib und Ich, sondern so, daß es darauf ankommt zu wissen, wie diese einzelnen Glieder in der Menschennatur verbunden sind, dann kann man einsehen, daß das erste Kindheits-Ich verwandt ist einer anderen Wesenheit, daß dieses Ich gleichsam wie eine Hülle ist, und wie es dann nach drei Jahren ganz und gar seine Lage zu den anderen Gliedern, zu der übrigen Menschennatur ändert.

Diese Erkenntnis bekommt einen rechten Wert, wenn sie in uns zur Kraft wird, und wenn wir uns sagen: Wir haben viele Inkarnationen auf Erden in Zukunft durchzumachen; wir wissen, daß wir sozusagen dasjenige, was in uns ist, immer weiter und weiter ausbilden können, zu immer größerem und größerem Bewußtsein bringen können; wissen, daß wir den höheren Menschen, den Gottessohn in uns ganz ausgießen können über den Menschensohn, und dadurch von Inkarnation zu Inkarnation immer weiter hinaufsteigen können, bis die Erde an ihrem Ziel angekommen sein wird. – Da wird die Erde ein Leichnam werden, wie der einzelne Mensch physisch ein Leichnam wird, und wie im einzelnen Menschen der Leichnam zur Erde hinunterfällt und die Seele in die geistige Welt aufsteigt, so wird es auch mit der ganzen Erde sein.

Wenn wir die ganze Erde als den Leib der ganzen Menschheit betrachten, so können wir sagen: Die Erde stirbt als Leichnam ab, geht auf in der Materie des Weltenraumes, wird zerstäubt, um materiell aufs Neue verwendet zu werden. Der Mensch aber steigt hinauf in geistige Welten, um in den nächsten planetarischen Zustand hinüberzugehen. Und wir sollen uns vor Augen halten, daß dies keine abstrakten Worte sind.

Es ist doch sonderbar, daß es Menschen gibt, die glauben, daß unsere Erde mit der Sonne und den anderen Planeten einmal ein großer Dunstnebel war und nichts sonst, und daß sich da herausgebildet haben Sonne, Erde, und durch Zusammenschießen der Materie der Mensch, und daß er sich immer so weiter entwickelt und einmal in der Erde begraben sein wird: das Ganze eine sinnlose Episode! Die künftige Kulturgeschichte wird viel Mühe haben, dieses krankhafte Phantasiegebilde zu begreifen; zu begreifen, wie einmal die menschliche Phantasie so krank werden konnte, dies als ernsthafte Vorstellung anzunehmen. Eine Kant-Laplacesche Theorie zu geben, bedeutet ganz dasselbe, wie den Menschen erklären zu wollen aus dem Staube, in den er zerfällt bei der Verbrennung. Solche Wissenschaft ist todbringend, sie belebt nicht die lebendige Kraft in unserer Seele. Geisteswissenschaft soll die Kraft beleben, zu höherer und höherer Gestalt uns auszubilden, und uns fähig machen, nicht mit dem Staube der Erde uns zu verbinden, sondern uns hinüber zu entwickeln zu neuem planetarischem Dasein.

Der Text, dem wir in unserem Zusammenhang die Überschrift «Das Ich-Gefühl im dritten und neunten Lebensjahr und das Einwirken geistiger Weltwesen in den Lebenslauf» gaben, hat im Band 150 der Gesamtausgabe «Die Welt des Geistes und ihr Hereinragen in das physische Dasein» die Überschrift «Zwei Strömungen innerhalb der fortlaufenden Entwicklung des Menschen sind bei der Erziehung zu berücksichtigen». Der Vortrag vor Mitgliedern der Anthroposophischen Gesellschaft am 14. März 1913 in Augsburg ist gehalten, nachdem Rudolf Steiner in seiner «Geheimwissenschaft» das Wirken der geistigen Weltmächte beschrieben und sie in seinen Mysteriendramen auf der Bühne veranschaulicht hatte. Er bereichert das Verstehen der Wendepunkte und Schicksalsereignisse im Menschenleben außerordentlich. Er gibt der Pädagogik und Selbsterziehung die Akzente ihres christlichen Auftrages.

Die an die Mitglieder des Augsburger Zweigs gerichteten Schlußworte wurden weggelassen.

Das Ich-Gefühl im dritten und neunten Lebensjahr und das Einwirken geistiger Weltwesen in den Lebenslauf

Wenn man heute in unserer Gegenwart einen öffentlichen anthroposophischen Vortrag hält – und was hier gesagt wird in bezug auf einen öffentlichen Vortrag, das muß in Betracht gezogen werden bei allem, was wir von Anthroposophie an die Außenwelt heranbringen, an die Menschen, welche sich nicht einer anthroposophischen Vereinigung anschließen –, dann muß immer berücksichtigt werden, daß die Seelen der heutigen Menschen zwar in ihren Tiefen, in ihren Untergründen eine große Sehnsucht nach Anthroposophie haben, daß aber in den Teilen des Seelenlebens, von denen sie selber wissen, doch recht wenig Zusammenhang mit den spirituellen Wahrheiten vorhanden ist. Es kommt deshalb natürlich bei einem öffentlichen Vortrag nicht darauf an, zu beachten, was bei solchen Persönlichkeiten beliebt oder unbeliebt ist. Man sollte darum sich niemals fragen, was sie gerne oder nicht gerne hören, aber man muß darauf Rücksicht nehmen, daß schon einmal unser Zeitalter Denkgewohnheiten hat, Vorstellungsarten hat, welche in vieler Beziehung ganz direkt entgegengesetzt sind demjenigen, zu dem wir uns hinaufarbeiten durch die anthroposophische Erkenntnis. Gerade was da beachtet werden muß, das bemühe ich mich immer sorgfältig zu berücksichtigen, wenn ich festzustellen versuche den Unterschied des Tones, in dem ein öffentlicher Vortrag gehalten werden muß, und des Tones, in dem gesprochen werden kann zu unseren anthroposophischen Freunden. Und wir sollten uns gewöhnen, diesen Unterschied durchaus wirklich einzuhalten. Wenn auch dann die Leute, die der Anthroposophie noch ferne stehen, vielleicht auch unangenehm berührt werden von dem, was man ihnen sagt, so braucht uns das nicht irgendwie im schlimmen Sinne zu berühren, wenn wir nur das Bewußtsein in uns tragen, daß wir das an sie herangebracht haben, was gerade ihren Seelen frommt. Dann aber, wenn wir gewissermaßen unter uns sind, dann müssen wir eben durchaus versuchen, in die Dinge tiefer und immer tiefer hineinzudringen. Wir können ganz bestimmte Wahrheiten, die heute schon für unsere Gegenwart außerordentlich wichtig und bedeutsam sind, und die wir unter uns verhandeln müssen, damit sie, von uns ausgehend, immer tiefer und tiefer in das Geistesleben der Zeit eindringen, sozusagen noch nicht in ganz deutlich ausgesprochenen Worten an das äußere Publikum heranbringen.

Wir müssen gerade diese Sache ganz richtig verstehen. Nehmen wir einmal an, wir sprechen von dem, was ja in das Menschenleben fortwährend hereinspielt, von dem Durchdrungensein alles menschlichen Lebens auf der Erde durch die ahrimanischen, durch die luziferischen Gewalten, oder wir sprechen von gewissen Dingen, die sich beziehen auf das Leben zwischen dem Tod und einer neuen Geburt. Das, was uns abhalten soll, so ohne weiteres über diese Dinge vor Unvorbereiteten zu sprechen, das soll nicht dasjenige sein, was oftmals gerade in einer solchen Gesellschaft, wie die unsrige ist, auftritt, und was man nennen könnte eine gewisse Geheimniskrämerei, bei der sich die meisten dann nicht einmal die rechte Vorstellung machen, warum sie getan wird. Das, was uns abhalten soll, so ohne weiteres über diese Dinge vor Unvorbereiteten zu sprechen, das ist, daß die Menschen, die unvorbereitet sind, die Dinge nicht ernst genug nehmen können, nicht tief genug nehmen. Es soll dem Anthroposophen das Wort «ahrimanische», «luziferische» Gewalten nach und nach etwas für das Leben so Bedeutsames werden, etwas, wobei er in seinen Gefühlen und Empfindungen so tief innerlich ergriffen wird, wenn diese Dinge ausgesprochen werden, daß man das Gefühl hat: Wenn man diese Worte den Unvorbereiteten an den Kopf wirft, so wird ihnen das, was man an innerer Kraft fühlen soll, wenn sie ausgesprochen werden, genommen, und auch wir selber schaden uns, wenn wir im gewöhnlichen Leben bei jeder Gelegenheit, die uns gerade paßt, diese Worte ohne weiteres anwenden. Wenn wir zum Beispiel in unsere Geldbörse greifen und da zu tun haben mit dem Geld, so haben wir es ja ganz richtig mit ahrimanischen Gewalten zu tun. Aber es ist nicht gut, das Wort «ahrimanisch» so ohne weiteres immer wieder anzuwenden auf die alltäglichen Verhältnisse. Dadurch, daß wir ein solches Wort auf die alltäglichen Verhältnisse anwenden, stumpft es sich ab für unser Empfinden, für unser Gefühl, und wir haben dann gar nicht die Möglichkeit, noch Worte zu haben, die, wenn wir sie denken oder aussprechen, auf uns jenen elementaren, bedeutsamen Sinn ausüben, den sie ausüben sollen. Das ist außerordentlich bedeutsam, daß wir nicht im alltäglichen Leben mit diesen Dingen gar zu sehr herumwerfen, denn wir kommen dadurch tatsächlich allmählich um das Beste, um das Wirksamste, was uns Anthroposophie geben kann. Je mehr wir in bezug auf die alltäglichen Verhältnisse die anthroposophischen Worte im Munde führen, desto mehr nehmen wir uns die Möglichkeit, daß Anthroposophie für uns wirklich etwas unsere Seele Tragendes, unsere Seele tief Durchdringendes wird. Wir brauchen nur die Macht der Gewohnheit ins Auge zu fassen und wir werden sehen, daß ein Unterschied besteht, wenn wir mit einer gewissen heiligen Scheu, mit einem gewissen Bewußtsein, daß wir von anderen Welten sprechen, Worte gebrauchen, wie, sagen wir, die Worte «Aura» oder «ahrimanische Gewalten» oder «luziferische Gewalten». Wenn wir immer fühlen, wir müssen sozusagen haltmachen, bevor wir solche Worte gebrauchen, müssen sie nur anwenden, wenn es uns eben wirklich darauf ankommt, unsere Beziehung zur übersinnlichen Welt ins Auge zu fassen, dann ist das etwas ganz anderes, als wenn wir im alltäglichen Leben bei jeder beliebigen Gelegenheit von diesen Dingen der höheren Welt sprechen und Worte, die von diesen Welten hergenommen sind, immerfort im Munde führen.

Ich mußte diese Einleitung bringen, weil wir einmal gerade in dieser Stunde auf etwas in der Menschenseele hinweisen wollen, was zwar immer in unserem Bewußtsein vorhanden sein soll, was wir aber doch nur richtig betrachten, wenn es mit einer gewissen heiligen Scheu geschieht. Nehmen Sie einmal in die Hand die kleine Schrift «Die Erziehung des Kindes vom Gesichtspunkte der Geisteswissenschaft». Da wird sozusagen gezeigt, wie die Vorgänge am sich entwickelnden Menschen von sieben zu sieben Jahren sind. Da wird gezeigt, daß bis zum siebenten

Lebensjahre, bis zum Zahnwechsel, wir es vorzugsweise in der Hauptsache mit der Entwicklung des physischen Leibes zu tun haben, daß wir es zu tun haben im nächsten Zeitraum, vom siebenten bis zum vierzehnten Lebensjahre, bis zur Geschlechtsreife, mit einer Entwicklung des Ätherleibes und so weiter. Wenn Sie diese Entwicklung des Menschen von sieben zu sieben Jahren ins Auge fassen, dann haben Sie es vorzugsweise zu tun mit dem, was die sozusagen normalen Wesenheiten der höheren Hierarchien an der menschlichen Evolution bewirken. Das ist so recht die fortschreitende Evolution, die da von sieben zu sieben Jahren verläuft, so daß wir sagen können: Die eigentlich fortschreitenden göttlich-geistigen Mächte, die leiten und lenken diese Evolution von sieben zu sieben Jahren. Würden nur diese fortschreitenden göttlich-geistigen Mächte an dem Menschen tätig sein, dann würde überhaupt das ganze menschliche Leben anders verlaufen, im ganzen anders verlaufen, als es tatsächlich verläuft. Dann würde vor allen Dingen der Mensch einem kleinen Kinde in ganz anderer Weise entgegentreten. Er würde bei dem kleinen Kinde immer das Gefühl haben: Da spricht durch das Kind eine geistige Individualität. Man würde sogar immer das Gefühl haben, daß das kleine Kind, bei alldem, was es tut, was es vornimmt, aus höheren Welten heraus die Antriebe, die Impulse empfängt. Und die Menschen würden sicher gar kein anderes Gefühl bekommen, als daß das Kind aus weit höheren Impulsen heraus handelt, als diejenigen sind, die sie selbst mit ihrem Verstand durchdringen können. Und das würde verhältnismäßig noch recht lange dauern.

Das, was den Menschen heute so sehr wünschenswert erscheint, daß die Kinder möglichst früh recht gescheit sind im menschlich-irdischen Sinne, das würde dann den Menschen höchst unwillkommen erscheinen, denn von einem Kinde, das heute das Entzücken seiner Umgebung hervorruft, weil es schon gar so gescheite Dinge sagt oder tut, von dem würden, wenn die Menschen nur Kinder hätten, die von den fortschreitenden göttlich-geistigen Mächten gelenkt werden nach den siebenjährigen Perioden, es würden die Menschen sagen, wenn das Kind möglichst früh im heutigen Sinne gescheit redete und sie an die anderen Verhältnisse gewöhnt wären: Wie früh ist das Kind gottverlassen! – Worüber man heute entzückt ist, würde man dann als eine Strafe empfinden. Und einen jungen Menschen von fünfzehn Jahren, der so gescheit wäre, wie man es heute verlangt, den würde man als ein ganz gottverlassenes Wesen ansehen. Denn durch die fortschreitenden göttlich-geistigen Mächte ist eigentlich der Mensch erst berufen, nach und nach mit seinem Ich zwischen dem einundzwanzigsten und achtundzwanzigsten Jahre völlig herauszurücken, und vorher würde das, was er tut, viel mehr so erscheinen, daß durch ihn durchwirken höhere geistige, übersinnliche Impulse. Allerdings würde ein gewisses nach draußen hin träumerisches Leben den Kindern eigen sein; aber man würde dieses träumerische Leben empfinden als Gott- oder Geistgesegnetheit, und man würde gar nicht das Bestreben haben, die Kinder zur Frühreife im heutigen Sinn irgendwie zu erziehen.

Nun fällt, wie wir wissen, etwas anderes in diese Entwicklungsperioden des Menschen auch hinein. Das ist, was wir oftmals hervorgehoben haben, die Ausgestaltung des Ich-Bewußtseins im dritten, vierten, fünften Jahre, in jenem Zeitpunkt, den wir im allgemeinen so charakterisieren können, daß wir sagen: Es ist der Zeitpunkt, bis zu dem der Mensch im späteren Leben sich zurückerinnert. Es ist das Auftreten jenes Momentes, von dem aus der Mensch anfängt, zu sich «Ich» zu sagen. – Sie müssen nun eigentlich die ganze Entwicklung des Menschen sich als zwei Strömungen denken: als die der Evolution, an der die fortschreitenden göttlich-geistigen Wesenheiten wirken, und dazu die andere Strömung, durch welche der Mensch innerhalb des ersten siebenjährigen Zeitraumes anfängt, innerlich ein Selbstbewußtsein zu entwickeln, ein solches Gedächtnis zu entwickeln, das ihn später im Bewußtsein sich zurückerinnern läßt bis zu jenem Zeitpunkt. Das rührt nun gar nicht von den fortschreitenden göttlich-geistigen Wesenheiten her. Die würden uns viel länger recht träumerisch sein lassen, würden durch uns hindurch in die Welt hereinwirken. Daß wir so frühzeitig zum Selbstbewußtsein kommen, daß wir so frühzeitig zu uns Ich sagen, das ist lediglich das Ergebnis der luziferischen Kräfte, die in den Menschen hereinwirken. So haben wir es mit zwei Strömungen zu tun, mit einer gleichsam regulären fortschreitenden göttlich-geistigen Strömung, die uns aber eigentlich erst zwischen dem einundzwanzigsten und achtundzwanzigsten Jahre zu einem deutlichen, klaren Ich-Bewußtsein führen würde, und mit einer luziferischen Strömung in uns. Diese luziferische Strömung wirkt in ihren Impulsen so in uns, daß sie die andere Strömung ganz durchkreuzt, so daß sie in uns etwas ganz anderes macht, als was die fortschreitenden göttlich-geistigen Wesenheiten von uns eigentlich haben wollen. Sie wirken so, daß wir also mittendrinnen im ersten Zeitraum schon lernen, zu uns «Ich» zu sagen, lernen die Egoität innerlich seelisch auszubilden und uns zurückzuerinnern in unserem Gedächtnis.

Wenn wir das so recht ins Auge fassen, so können wir uns ein Bild machen von dieser unserer fortlaufenden Entwicklung. Denken Sie sich einmal den eben charakterisierten luziferischen Einschlag weg und nur das, was die fortschreitenden Wesenheiten aus dem Menschen als ein ruhig dahinfließendes Wasser machen würden. Wir denken uns dieses ruhig dahinfließende Wasser als ein Bild des fortschreitenden Lebensstromes des Menschen unter dem Einfluß der eigentlich guten göttlichen Wesenheiten. Und jetzt gehen wir an dem Wasser, das so ruhig dahinfließt, ein Stück hin, nehmen dann eine blaue oder rote Substanz, gießen sie hinein in das ruhig dahinfließende Wasser und lassen, indem wir eine chemische Flüssigkeit wählen, die sich getrennt halten läßt von dem klaren Wasser, da eine zweite Strömung von einem bestimmten Punkt an neben der ersten Strömung mitfließen. So fließt in unserer richtigen, ruhig fortschreitenden, wir möchten sagen Jahve-Christus-Strömung, die luziferische Strömung von der Mitte ungefähr unseres ersten siebenjährigen Zeitraumes in unserem Inneren mit uns fort. Und so lebt Luzifer in uns. Würde dieser Luzifer in uns nicht leben, so würden wir diese zweite Strömung nicht haben. Aber lebten wir nur in der ersten Strömung, dann würden wir eben bis in die Zwanzigerjahre herein das Bewußtsein haben: Wir sind eigentlich ein Glied der göttlich-geistigen Mächte. – Das Bewußtsein von Selbständigkeit, von innerer Individualität und Persönlichkeit erlangen wir durch die zweite Strömung. So sehen wir zugleich, daß es weisheitsvoll ist, daß diese luziferische Strömung in uns sich hineinergießt.

Aber auch im zweiten siebenjährigen Zeitraum tritt etwas ein, was wir in einer gewissen Weise als eine nicht mit den bloß fortschreitenden göttlichen Wesenheiten zusammenhängende Strömung auffassen können. Es wurde ja von einem gewissen Gesichtspunkt aus auch das schon wiederholt gekennzeichnet bei uns. Es tritt so um das neunte, zehnte Jahr, also im zweiten siebenjährigen Zeitraum auf. Da kommen für die einen, die sinnigen Menschen, die Erfahrungen, wie ich sie zum Beispiel von *Jean Paul* angeführt habe. Bei ihm trat es vielleicht etwas früher auf, bei anderen tritt es in der Regel um das neunte, zehnte Jahr auf. Da kann auftreten eine wesentliche Verstärkung, man möchte sagen Verdichtung des Ich-Gefühls. Aber es kann die Tatsache, daß da etwas Besonderes vorgeht, auch noch auf eine andere Weise konstatiert werden. Ich möchte aber nicht empfehlen, daß diese andere Weise eine besondere Erziehungsregel werden sollte. Es kann nur gesagt werden, daß wenn es einmal, man möchte sagen, von selbst geschieht, es beobachtet werden kann, aber man sollte ja nicht damit spielen, es ja nicht zum Erziehungsprinzip machen. Wenn man nämlich ein Kind, namentlich um das neunte, zehnte Jahr herum, unbekleidet in einen Spiegel schauen läßt, und das Kind nicht abgestumpft ist durch unsere heutigen oftmals sonderbaren Erziehungsprinzipien, so wird es immer auf naturgemäße Weise von dem Anblick dieser seiner Gestalt Furcht empfinden, eine gewisse Angst, wenn es nicht früher kokett gemacht worden ist durch vieles In-den-Spiegel-Schauen. Dieses kann gerade bei natürlich empfindenden Kindern, die nicht vorher viel in den Spiegel geschaut haben, beobachtet werden, weil nämlich in dieser Zeit in dem Menschen etwas heranwächst, was wie eine Art Ausgleich zu der luziferischen Strömung wirkt, die in der ersten Periode da ist. In dieser zweiten Periode, um das neunte, zehnte Jahr herum, da ergreift Ahriman nämlich den Menschen und bildet eine Art von Ausgleich mit seiner Strömung zur luziferischen Strömung. Wir können nun dasjenige vollbringen, was dem Ahriman den gröẞten Gefallen tut, wenn wir gerade in diesem Zeitpunkt den Verstand, der auf die äußere Sinneswelt gerichtet ist, beim heranwachsenden Kinde ausbilden, wenn wir uns sagen: Das Kind muß in dieser Zeit möglichst so abgerichtet werden, daß es überall zu einem eigenen, selbständigen Urteil kommt. – Sie wissen, daß ich da ein Erziehungsprinzip erwähne, das heute ziemlich allgemein in der Pädagogik ausgesprochen wird. Selbständigkeit heranerziehen, gerade in diesen Jahren, wird heute fast allgemein verlangt. Man stellt sogar Rechenmaschinen hin, damit die Kinder nicht einmal veranlaßt werden, das Einmaleins ordentlich gedächtnismäßig zu lernen. Das beruht durchaus auf einem gewissen Wohlwollen unseres Zeitalters gegenüber dem Ahriman. Unser Zeitalter wünscht, unbewußt natürlich, die Kinder so zu erziehen, daß Ahriman möglichst stark in der Menschenseele kultiviert werden kann. Und wenn wir heute die gangbaren Erziehungsmethoden durchnehmen, so sagen wir uns als Okkultisten: Diese Leute, die diese Erziehungsmethoden vertreten, sind nur Stümper. Wenn Ahriman selber diese Erziehungsprinzipien schreiben würde, er würde es gescheiter machen! – Aber es ist eine rechte Schülerschaft des Ahriman, was da ganz besonders über die Selbständigkeit, über das eigene Urteilen der Kinder gesagt wird. Es wird dies, was damit angedeutet ist, noch immer mehr und mehr überhandnehmen in der nächsten Zeit. Denn Ahriman wird ein guter Lenker werden für die äußeren Mächte und Geistesführungen unseres Zeitalters.

Nun nehmen Sie eine solche Sache, wie wir sie jetzt ausgesprochen haben. Wir müssen es als etwas ansehen, was ganz naturgemäß und selbstverständlich ist, daß es an den Menschen herankommt; daß der Mensch Luzifer und Ahriman an sich herantreten fühlt. Es wäre ganz falsch, zu glauben, daß es besser wäre, wenn wir nun überhaupt Luzifer und Ahriman ausschalten würden. Das würde ganz unmöglich sein. Wie unmöglich es sein würde, das kann Ihnen etwa die folgende Betrachtung darlegen. Wenn nicht unser Leben reguliert würde gleichsam von einem Zusammenwirken der fortschreitenden göttlich-geistigen Wesenheiten mit den ahrimanischen und luziferischen Gewalten, wenn also nur die fortschreitenden Mächte an uns arbeiten würden, dann würden wir viel später zu einer gewissen Selbständigkeit kommen, und wir würden auch diese Selbständigkeit so haben, daß, so wie wir jetzt Farben, Licht wahrnehmen, wir dann gar nicht daran zweifeln würden, daß hinter den Farben und dem Licht, hinter dem also, was wir äußerlich wahrnehmen, auch wirklich göttlich-geistige Wesenheiten walten. Wir würden zugleich mit unseren Sinneswahrnehmungen die Weltgedanken wahrnehmen. Wir würden zwar, aber erst in den Zwanzigerjahren, zu unserer Selbständigkeit kommen, aber wir würden dann auch außen Weltgedanken wahrnehmen. Wir würden dann unsere Jugend verträumen, weil in uns göttlich-geistige Mächte wirken würden, und wenn diese aufhören würden von innen zu wirken, dann würden sie uns von außen entgegentreten. Wir würden von außen ihre Gedanken so wahrnehmen, wie wir jetzt nur die Sinneswahrnehmungen empfangen. Wir würden also, mit Ausnahme einiger Jahre, so gegen das zwanzigste Jahr hin, wo wir uns sichtbar würden, sonst gar niemals eine ordentliche Selbständigkeit haben. Wir würden als Kinder träumerische Wesen sein, wir würden im mittleren Lebensalter gar nicht so recht aus unseren Impulsen und unseren Entschließungen heraus über uns bestimmen können, sondern wir würden überall, wo wir der Außenwelt entgegentreten, einfach sehen, was wir zu tun haben, ähnlich wie es die Menschen in der alten Atlantis noch gekonnt haben. Die Selbständigkeit fließt in uns herein dadurch, daß Luzifer und Ahriman in uns wirken.

Nun kommt natürlich ungeheuer viel darauf an, daß wir nicht so reden, wie die törichte Pädagogik von heute über den Menschen redet, die immer von Entwicklung redet, daß man gleichsam das Innere aus dem Menschen herausholen solle. Gescheit redet man in pädagogischer Beziehung nur dann über den Menschen, wenn man weiß, daß ein Dreifaches an seiner Seele beteiligt ist: die fortschreitenden guten göttlich-geistigen Wesenheiten und Luzifer und Ahriman, und wenn man diese auseinanderhalten kann. Es ist nun von besonderem Wert, zunächst einmal den Hauptgesichtspunkt von den fortschreitenden göttlich-geistigen Wesenheiten aus zu nehmen und vor allem zu berücksichtigen: Was sind die Anforderungen, wenn wir auf die siebengliedrigen Perioden der Entwicklung des Menschen sehen? Denn in bezug darauf können wir jedem Menschen wirklich einfach dadurch helfen, daß wir uns sinngemäß zu diesem Menschenkinde verhalten. Wenn wir in den ersten sieben Jahren des Kindes Verhältnisse herbeiführen, daß es in einer Umgebung lebt, die auf seinen physischen Leib gesundend wirkt, so tun wir unter allen Umständen dem Kinde etwas Gutes. Wenn wir in der zweiten Periode uns so verhalten, daß wir gute, im edelsten Sinne so zu nennende Autoritäten um den Menschen herum schaffen, so daß der Mensch nicht ein Klugredner wird in diesen Zeiten, sondern daß er ein Wesen wird, das auf die Menschen seiner Umgebung als auf Autoritäten baut, vor denen das Kind Respekt hat, zu denen es Hingabe hat, dann tun wir ihm unter allen Umständen etwas Gutes. Wir tun etwas Gutes, wenn wir heranerziehen solche Kinder, die nicht im neunten, zehnten Jahre alles schon selber wissen wollen, sondern die, wenn man sie fragt: Warum ist dieses oder jenes richtig oder gut? – dann sagen: Weil der Vater, weil die Mutter es gesagt hat, es sei gut, oder weil der Lehrer es gesagt hat. – Wenn wir so die Kinder erziehen, daß in ihrer Umgebung eben die Erwachsenen als selbstverständliche Autoritäten walten, dann tun wir den Kindern unter allen Umständen etwas Gutes. Und wenn wir gegen diese siebenjährigen Perioden verstoßen, wenn wir also herbeiführen etwa einen solchen Zustand, daß schon gerade in dieser Zeit die Kinder anfangen, diejenigen, die selbstverständliche Autoritäten sind, zu kritisieren, wenn wir das nicht vermeiden, daß diese Kritik eintritt, so tun wir unter allen Umständen etwas Schlimmes für den heranwachsenden Menschen. Und wenn wir nicht die Gelegenheit finden, zu einem Menschen zwischen dem vierzehnten, fünfzehnten und einundzwanzigsten Jahre so zu sprechen, daß man sich in naturgemäßer Weise mit ihm zu Idealen erheben kann, zu Idealen, die das Herz mit Freude durchdringen, so tut man diesem jungen Menschen auch wiederum nichts besonders Gutes. Mit Menschen in diesen Jahren muß man von Idealen sprechen, von dem, was das spätere Leben unter allen Umständen dem richtig heranwachsenden Menschen bringen muß. Man darf sagen: Heute könnte einem da wirklich manchmal das Herz brechen, wenn da achtzehnjährige Knaben – pardon, Persönlichkeiten – kommen und ihre Feuilletons schon in die Zeitungen tragen. Wenn man, statt von ihnen etwas anzunehmen, sich unterhalten würde mit ihnen von dem, was durchaus noch nicht eingreift in das äußere Leben, sondern was sie später erst realisieren sollen, wenn man mit ihnen reden würde von den großen Idealen des Menschenlebens und sich mit ihnen begeistern würde, dann würde man sich in richtiger Weise zu ihnen verhalten. Eigentlich tut derjenige, der etwa als Redaktor das Feuilleton annimmt eines Menschen, der noch nicht das zwanzigste Jahr erreicht hat, unter allen Umständen etwas Schlimmeres als jener, der, wenn der junge Mensch mit diesem Feuilleton kommt, zu ihm sagt: Ja, sieh einmal, das ist ja sehr schön, was du gemacht hast. Aber wenn du zehn Jahre älter sein wirst, dann wirst du darüber ganz andere Ideen haben. Lege dir das jetzt hübsch in deine Schublade und nimm es in zehn, zwölf Jahren wieder vor. – Der, welcher das macht, dann einen Blick hineinwirft in das Manuskript und über die Lebensideale, die man daran anknüpfen kann, mit dem Betreffenden spricht, der tut an ihm etwas Gutes.

Ich will damit nur charakterisieren, daß diejenigen Dinge, die da gesagt worden sind in meiner Schrift «Die Erziehung des Kindes», unter allen Umständen eigentlich in der Erziehung immer berücksichtigt werden sollten. Alles andere, wo es auf Luzifer und Ahriman ankommt, das läßt nicht allgemeine Regeln zu, das ist tatsächlich bei jedem Menschen anders, denn das bezieht sich gerade auf das Persönliche. Da handelt es sich vielfach um den persönlichen Takt des Erziehers, da kann man nicht eingreifen mit allerlei pedantischen Regeln in diese Dinge. Ich wollte Ihnen charakterisieren, was alles in der menschlichen Seele ist, und wie wir berücksichtigen müssen Luzifer und Ahriman, wenn wir die volle Menschennatur verstehen wollen, wenn wir wirklich alles ins Auge fassen wollen, was wir nicht nur so anzusehen haben, daß wir sagen: Bekämpfen müssen wir Luzifer und Ahriman. – Wenn wir den Luzifer unter allen Umständen bekämpfen wollten, so könnten wir das auf sehr sichere Weise tun: wir brauchten den Menschen nur davor zu bewahren, ein Gedächtnis zu entwickeln. Denn wie es wahr ist, daß in unsere Erdenentwicklung gewisse Mondwesen hereingebracht wurden, so wahr ist es, daß alles Gedächtnis eine luziferische Kraft ist. Wir müßten also unser Gedächtnis einfach nicht entwickeln! Wir müssen uns jedoch klar sein, daß wir dieses Gedächtnis in der richtigen Weise zu entwickeln haben. Und deshalb wurde gesagt in jener Schrift, daß der richtige Zeitraum für die Erziehung des Gedächtnisses derjenige zwischen dem siebenten und vierzehnten Jahre ist. Im vorhergehenden Zeitraum, da brauchen wir nicht besonders das Gedächtnis systematisch zu erziehen, denn da entwickelt es sich selber, weil da am meisten der Luzifer im Menschen steckt. Da überlassen wir den Menschen sich selber. Dann aber, nach dem Zahnwechsel, wenn Ahriman am deutlichsten herangetreten ist an den Menschen, dann fangen wir mit der Ausbildung des Gedächtnisses an. Denn da hat Ahriman schon sein Gegengewicht gegen Luzifer geschaffen, da werden wir nicht mehr geradezu dem Luzifer in die Hand arbeiten, wenn wir das Gedächtnis ausbilden.

Daß wir etwa Ahriman bekämpfen wollen, das dürfen wir uns gar nicht einfallen lassen. Es gäbe wieder ein sehr einfaches Mittel, die gröbsten ahrimanischen Wirkungen zu bekämpfen, aber es würde dem Menschen nicht gut bekommen. Man müßte dann, wenn der Mensch die zweiten Zähne bekommt, sie ihm einschlagen, denn da sind die allerschärfsten ahrimanischen Wirkungen. Von den fortschreitenden Mächten hat der Mensch nur seine sogenannten Milchzähne. Das, was der Mensch als seine durch das Leben hindurchwirkende selbständige Bezahnung bekommt, ist eine rein ahrimanische Wirkung.

So müssen wir uns an diesen Dingen klarmachen, daß vieles von dem, was überhaupt an uns ist, gar nicht anders an uns sein kann, als dadurch, daß die ahrimanischen und luziferischen Gewalten in uns sind. Es gelingt uns manchmal, sogar recht unzufrieden zu sein mit unserem, dem Ahriman unbewußten Entgegenwirken. Im Laufe des Lebens bereiten wir uns schon vor, gewisse Kräfte zu haben, wenn wir durch den Tod geschritten sind, so daß Ahriman uns nicht gar zu viel zu tun vermag zwischen dem Tod und einer neuen Geburt. Aber manchmal lassen wir deutlich uns selber merken, daß uns der Kampf gegen Ahriman nicht einmal willkommen ist, zum Beispiel, wenn wir jeden Zahnverlust bedauern. Aber mit jedem Zahn, der uns ausfällt, wächst uns eine Kraft zu, die wir sehr gut gebrauchen können. Ich rede selbstverständlich nicht gegen das Plombieren oder Einsetzen der Zähne, denn es wächst uns nichts Ahrimanisches zu dadurch, höchstens das Gold selber, aber darauf kommt es nicht an. Also davon kann keine Rede sein, daß das etwas Schlimmes ist. Daß wir nach und nach unsere ahrimanischen Zähne verlieren, kommt davon her, daß wir in der Evolution auch gewisse Impulse bekommen, die den Ahriman besiegen. Und gleichgültig ob wir einen Zahn wieder einsetzen lassen oder nicht, wenn er einmal verlorengegangen ist, so ist uns dadurch ein Impuls zugewachsen, der uns hilft in den Kräften, die wir entwickeln müssen zwischen dem Tod und einer neuen Geburt auf der alleruntersten Stufe. Es ist eine rechte Kleinigkeit zunächst, aber sie kann uns zeigen, wie wir im Grunde genommen wirklich uns angewöhnen müssen, wenn wir an die Wirklichkeit herantreten und über den Schein und die große Täuschung hinausblicken, die uns gewöhnlich umgibt, die Dinge ganz anders im Leben anzusehen, als sie gewöhnlich angesehen werden. Und auch die Schwäche des Alters zum Beispiel, ist eine Kraft, die, indem wir sie empfinden, uns direkt zuwächst, um wiederum etwas zu haben gegen den Ahriman, wenn wir durch die Pforte des Todes geschritten sind. Während wir hier zwischen der Geburt und dem Tode in der Tat böse sein können, wenn wir zu früh altern, müssen wir mit Bezug auf das, was wir nach dem Tode wollen, um mit Ahriman zurechtzukommen, froh sein, daß wir altern.

Und jetzt sehen Sie, wie wunderbar schön sich damit zusammenfügt, daß uns der innere geistig-seelische Kern verbleibt, der durchaus, in dem er sich zwischen Geburt und Tod fortentwickelt, mit den fortschreitenden Mächten zu tun hat. Denn dieser Keim, der durch die Pforte des Todes hindurchschreitet, ist da, wo er seine stärksten innerlichen Spannkräfte entwickelt hat, rein beherrscht von den fortschreitenden Mächten. Das, was außer ihm ist, was äußerlich abwelkt, das ist dasjenige, worin die ahrimanischen Kräfte sind. Und wir müssen nun berücksichtigen, was eigentlich dem Seher dieser Ahriman ist.

Wenn unsere Pflanzen herauswachsen aus unserer Erde, gegen den Herbst zu verwelken und die Blätter herunterfallen, dann erscheinen überall die Elementargeister, die Ahriman an die Oberfläche der Erde schickt. Da heimst er ein alles Ersterbende; das heimst er durch seine Elementargeister ein. Wenn man im Herbst durch die Fluren geht und die ersterbende Natur hellseherisch sieht, dann streckt überall Ahriman seine Kräfte aus, und überall hat er seine Elementarboten, die ihm zutragen das, was abwelkende physische und ätherische Wesenheit ist. Aber wir sind als Menschen den ganzen Tag über eigentlich auch gewissermaßen in einer Art von Herbst- und Winterstimmung. Wahrhaftig, die Seelensommerstimmung ist eigentlich nur vorhanden, wenn die Seele schläft. Das ist wirklich so, daß der schlafende Menschenleib, physischer Leib und Ätherleib, von dem Werte einer Pflanze ist; und das, was draußen ist, das Ich und der astralische Leib, die werfen ihre Strahlen zurück auf den physischen und ätherischen Leib, wirken wie Sonne und Sterne und lassen da heraussprossen die Kräfte, die wir den Tag über zerstört haben. Da wächst das vegetabilische Leben, und das Tagesdenken ist eigentlich nur dazu da, um das, was die Nacht hat aufsprossen lassen, wiederum hinwegzuschaffen. Wenn wir aufwachen, dann huschen wir hin über unser vegetabilisches Leben, genau wie der Herbst über die Pflanzen der Erde. Und was der Winter tut an der Vegetation der Erde, das tun wir genauso im Tagwachen an unserem physischen und ätherischen Leib, an dem, was sie an sprießendem, sprossendem Leben in der Seelensommerzeit, nämlich zur nachtschlafenden Zeit hervorbringen. Wenn wir wachen, ist Winterzeit, richtig Winterzeit der Seele, und wenn wir Frühling der Seele haben wollen, so müssen wir einschlafen. Es ist so. Und von diesem Standpunkt aus ist es eigentlich leicht begreiflich, warum Menschen, die nicht wenigstens etwas aus der Seelensommerzeit hineinmischen in ihr tagwachendes Leben, so leicht vertrocknen. Trockene Gelehrte, dürre Professorenmännlein, das sind solche, die nicht gern das aufnehmen, was nicht ganz vollbewußt ist, die nicht gern aufnehmen etwas von der Seelensommerzeit. Dann vertrocknen sie, dann werden sie ganz ausgesprochene Wintermenschen. Und dem Seher stellt sich die ganze Entwicklung des menschlichen Tageslebens damit schon dar als ganz ähnlich dem, was ich Ihnen eben für die Natur gesagt habe. Wenn nämlich der Mensch seine gewöhnlichen, auf das Äußere bezüglichen Gedanken bildet, wenn er so recht materialistisch dasjenige nur denkt, was äußerlich geschieht, dann greifen seine Gedanken in das Hirn so ein, daß dieses Hirn Stoffe ausscheidet, die Ahriman gut gebrauchen kann, so daß eigentlich Ahriman das wache Tagesleben fortwährend begleitet. Und je materialistischer wir gesinnt sind, desto besessener sind wir von Ahriman. Kein Wunder, daß wahr ist, daß der Materialismus mit der Furcht zusammenhängt. Denn wenn Sie sich erinnern an den «Hüter der Schwelle», so werden Sie gewahr werden, wie die Furcht wiederum mit Ahriman zusammenhängt.

Wir sollen das Gefühl erhalten, daß wir in der Tat im Leben komplizierten geistigen Welten gegenüberstehen. Und was wir von der Anthroposophie erhalten sollen, ist nicht allein das, daß wir dieses oder jenes wissen, daß wir wissen, es gibt den Ahriman, den Luzifer, einen physischen Leib, einen Ätherleib. Das ist das allerwenigste. Was wir uns aneignen sollen aus der Anthroposophie, das ist eine gewisse Stimmung der Seele, ein Grundgefühl des menschlichen Lebens, was da eigentlich in diesen Untergründen der Seele ist. Daher ist es notwendig, daß wir mit einer gewissen heiligen Scheu die Worte bewahren, die mit diesen höheren Dingen zusammenhängen. Wenn wir sie immer auf den Lippen führen, dann geschieht es nur allzu leicht, daß ihr Ernst und ihre Würde sich für uns abstumpfen.

So sehen wir den Menschen zwischen der Geburt und dem Tode, in seinem Verhältnis zu den fortschreitenden geistigen Wesenheiten, in einer gewissen Weise zwischen Luzifer und Ahriman stehen. Und damit die gesamte Entwicklung des Menschen in der richtigen Weise sich vollziehen kann, muß dieses Verhältnis auch zwischen dem Tod und einer neuen Geburt so bleiben, nur daß, was zwischen der Geburt und dem Tod innerlich ist, zwischen dem Tod und einer neuen Geburt äußerlich wird. Innerlich hat Luzifer von dem Momente an, bis zu dem wir uns zurückerinnern, seine Krallen mit der menschlichen Seele verbunden. Innerlich – der Mensch weiß nichts davon, wenn er nicht durch Geisteswissenschaft etwas erfährt und darüber fühlen lernt. Nach dem Tode ist die Sache anders. Da tritt in einem bestimmten Zeitpunkt Luzifer, ebenso sicher wie zwischen der Geburt und dem Tode innerlich, in dem Leben zwischen dem Tode und einer neuen Geburt äußerlich auf. So steht er dort in voller Gestalt vor uns, so steht er uns zur Seite, so wandeln wir mit ihm! Sowenig nämlich der Mensch den Luzifer kennt, bevor er durch die Pforte des Todes getreten ist, so sicher und klar kennt er ihn, wenn er an seiner Seite geht zwischen dem Tod und einer neuen Geburt. Nur daß im jetzigen Zeitenzyklus dieses Bewußtsein ein recht unangenehmes werden kann. Wir können so durch das Gebiet zwischen dem Tode und einer neuen Geburt durchgehen, daß wir den Luzifer – der ja auch nicht nur etwas Furchtbares hat, sondern auch etwas Schönes, Herrliches in bezug auf seine äußere Gestalt –, daß wir gewissermaßen Luzifer neben uns haben und seine Notwendigkeit für die Welt einsehen. Immer mehr und mehr kommt die Zeit heran, wo die Menschen nur so das Leben nach dem Tode mit Luzifer durchschreiten können, wenn sie hier im Leben schon ordentlich die luziferischen Impulse in der Menschenseele haben ahnen- und kennengelernt. Die Menschen – und solche wird es ja auch gegen die Zukunft immer mehr und mehr geben –, die nichts wissen wollen von Luzifer, und das ist ja wohl gut die Mehrzahl, die werden um so mehr wissen von Luzifer nach dem Tode. Denn nicht nur, daß er an ihrer Seite stehen wird, sondern er wird an ihrer Seite fortwährend von ihren Seelenkräften abzapfen, er wird die Menschen vampirisieren. Das ist es, wozu man sich durch Unkenntnis vorbereitet, zum Vampirisiertwerden durch Luzifer. Dadurch entzieht man sich Kräfte für das nächste Leben, denn die gibt man an Luzifer in einer gewissen Weise ab.

In einer ganz ähnlichen Weise ist es mit Bezug auf Ahriman. Mit Bezug auf ihn steht die Sache so. Die beiden Geister sind ja immer da zwischen dem Tode und einer neuen Geburt, aber das eine Mal ist der eine mehr und der andere weniger da, das andere Mal ist es umgekehrt. Wir gehen hin und dann wiederum zurück im Leben zwischen Tod und neuer Geburt. Bei dem Hingang ist besonders Luzifer, beim Zurückgehen gegen die neue Geburt zu besonders Ahriman an unserer Seite. Denn der führt uns wiederum zur Erde zurück, der ist bei der Rückwanderung in der zweiten Hälfte eine wichtige Persönlichkeit. Und auch er kann denjenigen Menschen, die nicht an ihn glauben wollen in ihrem Leben zwischen der Geburt und dem Tode, gewissermaßen Schlimmes zufügen. Er gibt ihnen nämlich dann zuviel von seinen Kräften. Er verleiht ihnen das, was er immer übrig hat, diejenigen Kräfte, die mit der irdischen Schwere zusammenhängen, die über die Menschen Krankheit und frühzeitigen Tod verhängen, die allerlei Unglücksfälle, die wie Zufälle aussehen, in das Erdendasein hineinbringen und so weiter. Das alles hängt zusammen mit diesen ahrimanischen Gewalten.

Von einem etwas anderen Gesichtspunkte habe ich die Sache drüben in München dargestellt. Da habe ich nämlich aufmerksam darauf gemacht, daß die menschliche Seele nach dem Tode der dienende Geist sein kann für die Mächte, die Krankheit und Tod hereinsenden aus den übersinnlichen Welten in die sinnliche. Das, was gerade das Leben schwach macht, ist es, was Ahriman so sehr willkommen ist und was es ihm möglich macht, unser Leben weiter zu schwächen. Aber wiederum dürfen wir nicht einseitig urteilen. Ganz falsch wäre es, wenn wir sagen wollten: Also ist es sehr schlimm, daß Ahriman uns hereingeführt hat in das Leben und daß wir etwa unter seinen Nachwirkungen im Leben zu leiden haben. – Nein, das ist gut, weil unter Umständen eine Krankheitswirkung das sein kann, was zu unserer aufsteigenden Entwicklung am allermeisten beiträgt.

Es ist immer so, daß, wenn wir herantreten an die Schwelle, welche trennt die übersinnliche von der sinnlichen Welt, wir bereit sein müssen, unser Urteil etwas zu modifizieren und nicht so zu urteilen, wie wir das gewohnt sind in der gewöhnlichen physischen Welt. Denn nicht wahr, in der physischen Welt, da ist ja Maja vorhanden in Hülle und Fülle. Woher kommt denn der Materialismus in der physischen Welt, jener Materialismus, der sagt: Es gibt ja gar keinen Ahriman, gibt ja gar keinen Teufel! Wer schreit am lautesten: Es gibt keinen Teufel? – Der am meisten von ihm besessen ist. Denn der Geist, den wir Ahriman nennen, hat das allergrößte Interesse daran, daß sein Dasein am allermeisten verleugnet wird von demjenigen, der am meisten von ihm besessen ist. «Den Teufel spürt das Völkchen nie, und wenn er sie am Kragen hätte!» Das ist also eine arge Maja, nicht an Ahriman zu glauben, denn da hat er einen am allermeisten am Kragen, wenn man nicht an ihn glaubt, da gibt man ihm die allergrößte Macht über einen. So daß man falsch urteilt, wenn da Monisten auftreten und gegen den Teufel wettern, und man sagt: Die bekämpfen den Teufel. – Nein, eine materialistisch-monistische Versammlung, die gegen den Teufel wettert, ist dazu eingerichtet, den Teufel zu beschwören. Und viel mehr, als es die alten Hexen getan haben sollen, beschwören die modernen Materialisten den Teufel, viel, viel mehr! Das ist die Wahrheit und das andere ist die Maja. So müssen wir uns angewöhnen, anders urteilen zu lernen. Und derjenige, der in eine monistische Versammlung hineingeht, die materialistisch nuanciert ist, sagt die Unwahrheit, wenn er sagt: Die Leute befreien die Menschen vom Teufel. – Er müßte sagen: Jetzt gehe ich in eine Versammlung, wo der Teufel mit allen Machtmitteln, die die Menschen haben, in die Menschenkultur hereingerufen wird. – Das ist das, was wirklich uns zum Bewußtsein kommen sollte, daß wir sozusagen hineinwachsend in das geistige Leben, nicht nur Begriffe und Ideen aufnehmen lernen, sondern daß wir lernen umdenken, umfühlen und doch, wenn wir der äußeren Welt gegenüberstehen, vernünftig genug bleiben, nicht diese äußere Welt immerzu in schwärmerischer Weise zu vermischen mit dem, was für die übersinnlichen Welten die Wahrheit ist. Wenn Menschen in bezug auf die äußere physische Welt immerzu mit Worten herumwerfen, die eigentlich nur für die übersinnlichen Welten den rechten Wert haben, dann nehmen sie sich das weg, was gerade das Wichtigste ist: daß wir lernen zu unterscheiden, nicht zusammenzuwerfen sinnliche und übersinnliche Welten, daß wir lernen, die Worte im richtigen Sinne anzuwenden.

Als Rudolf Steiner den Ausbildungskurs für die Lehrerschaft der Stuttgarter Freien Waldorfschule eröffnete, sprach er im ersten Vortrag die Grundidee einer erneuerten Erziehungskunst folgendermaßen aus: «Das wird unserem Erziehungs- und Unterrichtswesen allein die richtige Stimmung geben, wenn wir uns bewußt werden: Hier in diesem Menschenwesen hast du mit deinem Tun eine Fortsetzung zu leisten für dasjenige, was höhere Wesen vor der Geburt getan haben» (Allgemeine Menschenkunde als Grundlage der Pädagogik, GA 293). In anschaulicher Weise stellte er das schon dar in dem hier folgenden Vortrag aus dem Band «Wege der geistigen Erkenntnis und der Erneuerung künstlerischer Weltanschauung». Der Vortrag wurde am 2. Februar 1915 gehalten und ist der vierte von 13 Vorträgen am Goetheanum in Dornach. Er wurde auch von Marie Steiner herausgegeben in einem kleinen Band «Gebete für Mütter und Kinder» von Rudolf Steiner.

Das Leben zwischen Geburt und Tod als Spiegelung des Lebens zwischen Tod und neuer Geburt

Es ist schon öfter bei unseren Auseinandersetzungen die Gelegenheit gewesen, darauf aufmerksam zu machen, daß derjenige, welcher das Leben und das Dasein wirklich verstehen will, nicht eigentlich sich auf den Satz berufen darf, daß das Leben und das Dasein etwas Einfaches sei. Auf die Kompliziertheit und das Mannigfaltige der Weltenharmonie, in welche der Mensch einverwoben ist, mußte öfter aufmerksam gemacht werden, schon aus dem Grunde, weil man ja immer wieder und wieder hört, daß die Leute sagen, die Wahrheit – und sie meinen damit gewöhnlich die Wahrheit über die allerhöchsten Dinge – müsse einfach sein. Und am liebsten haben es die Menschen, wenn ihnen jemand diese Wahrheit über die allerhöchsten Dinge so charakterisiert, daß man sie eigentlich nicht zu erlernen braucht, sondern daß man sie ohne alles Lernen, so wie durch sich selbst, einfach hat.

Jeder Mensch – ich habe das öfter gesagt – gibt zu, daß er eine Uhr nicht verstehen kann, wenn er nicht gelernt hat, das Ineinandergreifen der Räder und des sonstigen Mechanismus zu begreifen. Nur gegenüber der großen, herrlichen, gewaltigen Weltenschöpfung möchten die Menschen gern, daß man sie verstehen kann, ohne sich irgendwie anzustrengen. Nun ist im Grunde genommen die ganze Geisteswissenschaft dazu da, uns langsam und allmählich ein Verständnis zu gewähren von dem, was eigentlich der Sinn, die Bedeutung des Daseins und des Lebens ist.

Ich möchte heute ein kleines hinzufügen zu den Dingen, die wir schon betrachtet haben; ich möchte dabei anknüpfen an uns geläufige Begriffe und Ideen, an Ideen, die wir öfter in uns aufgenommen haben. Ausgehen möchte ich davon, daß wir oftmals vom Standpunkt der Geisteswissenschaft aus die Worte gebrauchen müssen: Das äußere Dasein, in dem wir leben, ist eine

Maja oder die Maja, die große Täuschung. – Ich habe betont: Nicht das kann unsere Anschauung innerhalb der abendländischen Weltanschauung sein, als ob alles, was uns umgibt, Täuschung wäre im Sinne davon, daß es unwahr wäre. Nicht die Welt als solche, die auf unsere Sinne einwirkt, die wir erfassen mit unserem Verstande, ist eine Maja; diese Welt ist in dem innersten Wesen wahrhafte Wirklichkeit. Aber die Art, wie sie der Mensch anschaut, wie sie dem Menschen erscheint, das macht die Welt zur Maja, das macht sie zur großen Täuschung. Und wenn wir durch unsere innere Seelenarbeit dahin kommen, zu dem, was uns die Sinne zeigen, zu dem, was uns unser Verstand sagt, die eigentlich tieferen Grundlagen zu finden, dann werden wir bald einsehen, inwiefern die äußere Welt als eine Täuschung aufgefaßt werden kann. Denn dann erscheint sie uns in ihrem wahren Lichte, erscheint sie uns in der Wahrheit, wenn wir sie überall zu ergänzen, zu durchdringen wissen mit dem, was uns gegenüber der ersten Betrachtung, die wir der Welt zuwenden, verborgen sein muß.

Das gibt dem Menschen gerade sein Wesen, seine Würde, seine Bestimmung, daß er vom Weltenall, vom Universum nicht wie ein unmündiges Kind behandelt wird, dem man die Wahrheit so ohne weiteres in den Schoß wirft, sondern daß vorausgesetzt wird, daß er sich durch seine eigene Arbeit, die Arbeit seines ganzen Lebens, die Wahrheit erarbeitet. Gewissermaßen rechnen die Weltenmächte auf unsere Mitarbeit beim Erringen der Wahrheit, sie rechnen auf unsere Freiheit, auf unsere Würde.

Nun ist das ganze Menschenleben, so wie es zunächst verläuft zwischen Geburt und Tod, eine Maja, eine Täuschung. Es muß dieses Menschenleben eine Täuschung sein aus dem Grunde, weil wir ja stets, wenn wir die Welt nur in bezug auf ihre äußeren physischen Dinge und Vorgänge betrachten, außer acht lassen die andere Seite der Welt und dieses Weltendaseins, sofern es den Menschen betrifft, außer acht lassen dasjenige, was der Mensch durchlebt zwischen dem Tode und einer neuen Geburt.

Nun möchte man gewiß sagen: Man versteht das Menschenleben zwischen der Geburt und dem Tode, wenn man es einfach betrachtet; wozu braucht man denn da die andere Seite, das Leben zwischen dem Tode und einer neuen Geburt? – Aber schon dieses ist eine ganz unrichtige Auffassung, einfach aus dem Grunde, weil das Leben zwischen der Geburt und dem Tode eine Spiegelung ist des Lebens zwischen dem Tode und einer neuen Geburt. Dasjenige, was wir durchlebt haben in dem Leben, das unserem jetzigen physischen Leben vorangegangen ist, spiegelt sich ab in dem Leben, das wir verbringen zwischen der Geburt und dem Tode.

Zum Verständnis dieser Spiegelung ist es notwendig, daß wir noch zwei Dinge ins Auge fassen. Das erste ist, daß wir gewisse Etappen, gewisse Hauptpunkte unseres Lebens zwischen der Geburt und dem Tode betrachten und gerade untersuchen, inwiefern sich diese Punkte spiegeln, herausspiegeln aus dem Leben zwischen dem Tode und einer neuen Geburt. Dann ist es notwendig, ins Auge zu fassen, daß das Leben zwischen dem Tode und einer neuen Geburt in viel intensiverem Maße verbunden ist mit den unbekannten Welten, von denen wir sprechen durch die Geisteswissenschaft: mit jenen Vorgängen, die sich vor unserer Erdenbildung auf dem abgespielt haben, was wir den alten Saturn, die alte Sonne und den alten Mond nennen. Diese Vorgänge auf dem Saturn, der Sonne und dem Monde sind viel mehr verbunden mit dem Leben, das wir durchleben zwischen dem Tod und einer neuen Geburt, als mit dem Leben, das wir durchleben zwischen der Geburt und dem Tode.

Wir können sogar so sagen: Das Leben zwischen dem Tode und der Geburt ist von allen Seiten her überall beeinflußt von jenen vergangenen Leben, die wir kennen als die vergangenen planetarischen Leben von Saturn, Sonne und Mond. Dasjenige, was das Saturn-, das Sonnen- und Mondenleben bewirken in unserem verborgenen Erdenleben zwischen dem Tode und einer neuen Geburt, spiegelt sich wiederum in dem Leben zwischen der Geburt und dem Tode, so daß das Leben zwischen der Geburt und dem Tode ein Spiegelbild dessen ist, was zwischen dem Tode und einer neuen Geburt vor sich geht, und das, was zwischen dem Tode und einer neuen Geburt vor sich geht, das wird direkt beeinflußt von dem, was sich auf dem alten Saturn, der alten Sonne und dem alten Monde abspielte.

Gewisse Hauptpunkte, gewisse Etappen unseres Erdenlebens müssen wir ins Auge fassen, wenn wir den Vorgang im einzelnen besser verstehen wollen.

Das erste, was zum Erdenleben gehört, ist ja das, was wir im physischen Dasein des Menschen die Empfängnis nennen, auf welche das Embryonalleben des Menschen folgt. Dann erst erfolgt ja die Geburt des Menschen, sein Betreten des physischen Planes.

Nun enthüllt sich der Geisteswissenschaft eine sehr eigentümliche Tatsache in bezug auf das Menschenleben. Eigentlich haben wir in unserem ganzen Menschenleben, insofern wir es im physischen Leibe verbringen, nur einen einzigen Vorgang, der durchaus zusammenhängt mit dem Erdenleben, der also gewissermaßen rein aus dem Erdenleben heraus erklärbar ist: und das ist die Empfängnis. Sonst nichts im menschlichen Leben als die Empfängnis hat im Grunde etwas zu tun mit dem Erdenleben unmittelbar, ausschließlich. Auf dieses Wort «ausschließlich» bitte ich Wert zu legen. Dasjenige, was geschieht bei der Empfängnis, hat nichts zu tun mit dem Monden-, Sonnen- und Saturnleben; sondern zu dem, was durch die Empfängnis geschieht, sind die Ursachen geschaffen innerhalb des Erdenlebens.

Weil die äußere Biologie, die äußere physische Wissenschaft vorzugsweise sich mit dem Erdenleben nur befassen will und von ihrem Gesichtspunkte aus alles, was auf das Monden-, Sonnen- und Saturnleben geht, als Narrheit betrachtet, so kann diese äußere Wissenschaft Wahrheit im physischen Wortsinne nur über die Empfängnis finden. Daher finden wir auch, wenn wir solche Werke wie etwa die von *Ernst Haeckel* durchlesen, daß am allerausführlichsten behandelt wird das, was den Menschen zusammenstellt mit den Vorgängen in den anderen Organismen und daß man sich immer auf dasjenige verlegt, was mit der Empfängnis irgendwie zusammenhängt. Überlegen Sie sich das und vergleichen Sie es mit dem, was die äußere Wissenschaft zu sagen hat, und Sie werden es bewahrheitet finden. Es geht die physisch-wissenschaftliche Betrachtung, wenn sie die Vorgänge im

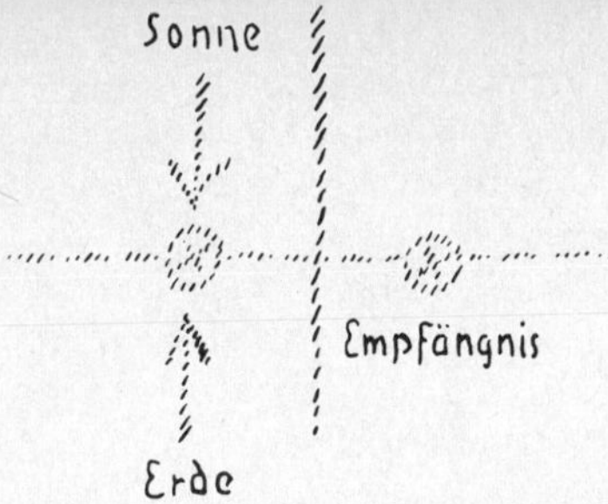

Menschen betrachtet, gewöhnlich zurück bis zu den einfachsten Zellenwesen. Solche Zellenwesen, von deren Gestalt ja auch der Mensch ausgeht – er entwickelt sich ja auch aus der befruchteten Eizelle –, solche Zellenwesen hat es aber wirklich auf dem alten Saturn, der alten Sonne und dem alten Monde nicht gegeben. Diese finden sich nur auf der Erde, und auf der Erde findet eine solche Vereinigung von Zellen statt, auf die ein so großer Wert gelegt wird von der äußeren physischen Wissenschaft.

Diese besondere Stufe unseres Lebens ist nun nichts anderes als die Spiegelung eines wirklichen realen Vorganges, der vor der Empfängnis sich schon abspielt und der mit dem menschlichen Leben zusammenhängt. Wir sind selbstverständlich in den letzten Zeiten unseres Lebens zwischen dem Tode und einer neuen Geburt, aber auch zu der Zeit, da wir physisch empfangen werden, in der geistigen Welt. Da geht immer etwas im geistigen Leben vor sich mit uns; und von dem, was da vor sich geht, ist die Empfängnis nichts anderes als ein Spiegelbild, eine Maja. Der wirkliche Vorgang spielt sich in der geistigen Welt ab, und dasjenige, was sich in der physischen Welt abspielt, ist ein Spiegelbild, eine Maja. Dasjenige aber, was in der geistigen Welt geschieht, ist ein Vorgang, der sich abspielt zwischen der Sonne und der Erde, und zwar so, daß das weibliche Element dabei die Beeinflussung von der Sonne her, das männliche Element die Beeinflussung von der Erde her erfährt. Also es ist der Vorgang der Empfängnis die Spiegelung eines Zusammenwirkens von der Sonne und der Erde.

Dadurch allerdings wird dieser Vorgang, den die Menschen oftmals in ein die Menschheit so erniedrigendes Reich herunterdrücken, zu dem bedeutsamen Mysterium, zu der Spiegelung eines kosmischen Weltenvorganges. Interessant ist dabei noch, auf einige Details aufmerksam zu machen. In demjenigen, der sich dem Zeitpunkte nähert, da er die Erde wieder betreten soll, bildet sich seelenhaft die Vorstellung der Eltern, durch die er die Erde betritt. Wie er gerade zu dem einen Elternpaar hin getrieben wird, davon kann ein anderes Mal gesprochen werden, das hängt mit dem Karma des Menschen zusammen. Das aber, worauf ich heute aufmerksam machen will, das ist, daß derjenige, der zur Geburt schreitet, von dem, was auf der Erde physisch vorhanden ist, ein Bild, hauptsächlich zunächst von der Mutter, erhält. Also es schaut derjenige, der zur Geburt schreitet, vorzugsweise auf die Mutter herab. Von dem Vater erhält er – und ich bitte das ins Auge zu fassen, denn es ist eine sehr bedeutsame Erscheinung – ein Bild dadurch, daß die Mutter von dem Vater ein Bild in ihrer Seele trägt. Der Vater wird also gesehen durch das Bild, das die Mutter von dem Vater in ihrer Seele trägt.

Das ist natürlich etwas, ich möchte sagen, radikal ausgesprochen, aber es ist im wesentlichen das Richtige. Man kann ja über diese übersinnlichen Vorgänge nur so sprechen, daß man sie im wesentlichen charakterisiert. Damit Sie nicht eine allzu feste Vorstellung bekommen, möchte ich hinzufügen, daß allerdings dann zum Beispiel, wenn es sich darum handelt, daß die geistig-seelische Erbschaft von des Vaters Seite her eine besondere Rolle zu spielen hat, daß also besondere geistig-seelische Eigenschaften von dem Vater auf den Menschen, der geboren werden soll, übertragen werden sollen, auch ein direktes Bild des Vaters zustande kommen kann. In demselben Maße aber, wie das Bild des Vaters direkt zur Wahrnehmung kommt, schwächt sich das Bild der Mutter ab.

Die nächste Stufe des physischen Erdenlebens ist dann das Leben, das zwischen der Empfängnis und der Geburt zugebracht wird. Auch dieses Leben ist im wesentlichen – wir nennen es das Embryonalleben – die Spiegelung eines anderen Vorganges, der sich vor diesem zuerst genannten Vorgang in der geistigen Welt

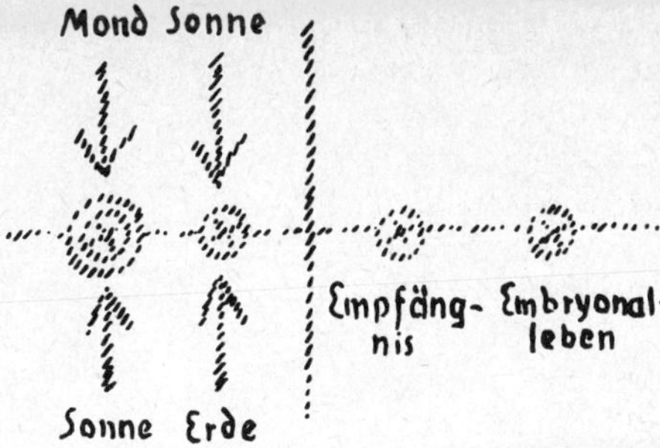

abspielt. Während also die Geburt im physischen Leben selbstverständlich auf die Empfängnis folgt, geht dasjenige, wovon die Geburt eine Spiegelung ist, voran jenem Sonnen-Erdenvorgange, von dem die Empfängnis eine Spiegelung ist.

Dieses Leben, das der Mensch zubringt zwischen der Empfängnis und der Geburt, ist schon ganz und gar nicht erklärbar aus den Verhältnissen, die sonst auf der Erde sind; und es erklären wollen aus den Kräften, aus den Gesetzen der Erde, ist einfach nichts anderes als ein ganz gewöhnlicher Unsinn. Denn es ist eben die Spiegelung eines vorgeburtlichen Vorganges, und dieser vorgeburtliche Vorgang ist im wesentlichen beeinflußt von dem, was von dem vorirdischen Mond und von der vorirdischen Sonne geblieben ist. Es ist ein Vorgang, der sich zwischen der Sonne und dem Monde abspielt, also wesentlich ein überirdischer Vorgang.

Die Kräfte, die da tätig sind, sind vorzugsweise diejenigen, welche spielen zwischen der Sonne und dem Monde. Die äußere Wissenschaft hat in ihrem Bewußtsein noch etwas bewahrt von dieser Tatsache, indem sie das Embryonalleben nach Mondmonaten zählt und davon spricht, daß es zehn Mondmonate in Anspruch nehme.

So aufgefaßt, haben wir zu berücksichtigen, daß wir in dem Leben, das wir verbringen zwischen dem Tode und einer neuen Geburt, einen realen, wirklichen Einfluß erfahren von der Sonne und dem Monde her, daß wir aber in dem Leben, das wir später physisch zubringen, zwischen der Empfängnis und der Geburt, abspiegeln diesen Vorgang, der ein Sonnen- und Mondenvorgang ist.

Beachten Sie, daß selbstverständlich hier das Wort spiegeln in einem etwas anderen als dem räumlichen Sinne gebraucht ist. Beim räumlichen Spiegeln hat man den Gegenstand und das Bild zugleich, aber hier hat man das, was der reale Vorgang ist, sich zutragend vor der Geburt; das, was sich spiegelt, spiegelt sich zeitlich später. Es ist also eine Maja eines übersinnlichen, vorgeburtlichen Vorganges.

Was wir dann ins Auge fassen müssen, ist zunächst die Zeit zwischen der Geburt und jenem oftmals erwähnten, wichtigen Zeitpunkte des Menschenlebens, wo wir beginnen, unser Ich-Bewußtsein zu entfalten, wo wir anfangen, in bewußter Weise zu uns «Ich» zu sagen. Wir können es das eigentliche Kindheitsleben nennen. Diese Zeit, die wir da zubringen, die erste Kindheit – meinetwillen nenne man es das Säuglingsleben – ist wieder eine Spiegelung eines Vorganges, der nun noch weiter zurückliegt im Geistigen. Der reale Vorgang, der sich spiegelt in der Zeit, wo wir anfangen zu lallen, ohne daß wir das Sprechen mit dem Ich-Bewußtsein in Beziehung bringen, ist eine Spiegelung eines vorgeburtlichen Vorganges, der noch weiter in den Kosmos hinausreicht. Und zwar wirken da zusammen, wir können sagen, die Sonne und die gesamte Planetenwelt, welche zur Sonne gehört, also die Sonne und ihre Planeten rings um sie herum, mit Ausnahme des Mondes. Die Kräfte, die zwischen der Sonne und ihren Planeten spielen, wirken herein in unser Leben zwischen dem Tode und einer neuen Geburt, und dieses, was da lange vor unserer Geburt entsteht, spiegelt sich in dem Leben, das wir in den allerersten Kindesjahren zubringen.

Sie sehen daraus, daß das Kind in sein Leben hereinspielen hat die Spiegelung desjenigen, was noch mehr als der Mond von dem Irdischen abgelöst ist. Dies hat eine ungeheure, eine tief bedeutungsvolle, praktische Konsequenz; es hat die Konsequenz, daß der Mensch nicht gestört werden darf in dieser Zeit seines Lebens in bezug auf das Empfangen der Kräfte, respektive in bezug auf die Verwertung der Kräfte, die er empfangen hat. Bedenken Sie nur einmal, was da eigentlich vorliegt. Vor unserer Geburt haben

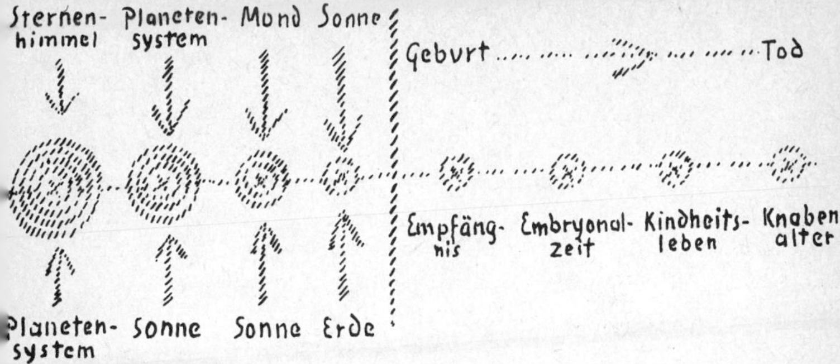

Kräfte aus dem Kosmos heraus auf uns gewirkt, die zwischen der Sonne und ihren Planeten spielen. Diese Kräfte sind in dem Kinde, das durch die Geburt gegangen ist und das Erdenleben betreten hat. Diese Kräfte wollen aus dem Kinde heraus. Diese Kräfte sind wirklich in dem Kinde. Insofern ist das Kind, wenn wir auf sein innerstes Wesen sehen, ein Himmelsbote, und die Kräfte wollen heraus. Wir können im Grunde genommen nichts anderes tun, als diesen Kräften die größtmögliche Gelegenheit geben, herauszukommen. Darin besteht im Grunde genommen alles, was wir zu tun haben bei der ersten Säuglingserziehung des Menschen: wir dürfen nicht stören die Kräfte, die herauskommen wollen.

Ich möchte sagen, ein Zug von demütiger Gesinnung geht aus von einer solchen Erkenntnis. Während der Mensch gewöhnlich glaubt, daß er dem Kinde ungeheuer viel sein kann, handelt es sich vor allen Dingen darum, daß er möglichst wenig stört dasjenige, was heraus will. Nicht als ob der erziehende Mensch dem Kinde nichts wäre. Er ist ihm schon etwas. Denn das, was da herauskommt – beachten Sie das wohl –, ist ja ein Spiegelbild, und diesem Spiegelbild müssen wir Realität verleihen als Erzieher; diesem Spiegelbild müssen wir Festigkeit geben.

Was wir tun als Erzieher, das läßt sich folgendermaßen vergleichen: Wenn wir hier einen Gegenstand haben und der spiegelt sich dort, so haben wir hier das Spiegelbild, und dann haben wir in das Spiegelbild etwas hineinzutragen, das es innerlich fester mache, als es ist als Bild. Der Mensch kommt in der Tat als Spie-

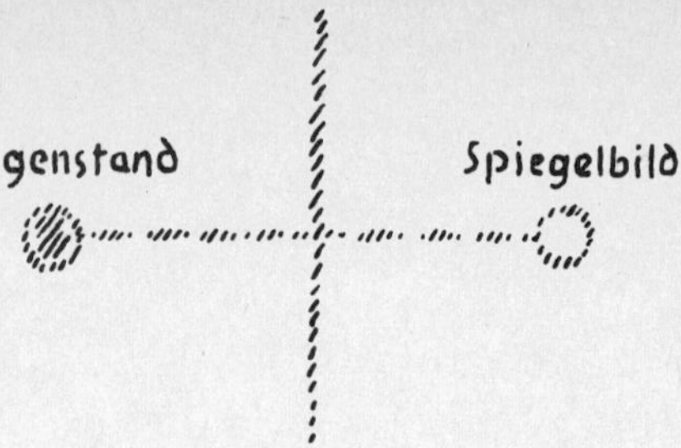

gelbild zur Welt, und er muß sich erwerben das Festmachen, das Realwerden dieser Spiegelung. Das ist eben seine Entwicklung zwischen der Geburt und dem Tode. Das, was heraus will, müssen wir möglichst wenig stören. Heraus kommen die Spiegelbilder der Vorgänge, die wir uns schon vor der Geburt aus dem Kosmos heraus erworben haben. Aber durch unser Einwirken müssen wir das, was da als Spiegelbild herauskommt, zur Realität befestigen, und insofern wir es zur falschen Realität befestigen, also korrigieren wollen, insofern können wir es stören. Aber es ist etwas Außerirdisches.

Jetzt können Sie die ungeheuer bedeutungsvolle Konsequenz einsehen, die sich daraus ergibt. Angewiesen ist derjenige, der ein Kind aufziehen will, darauf, daß er in seiner eigenen Seele, die er so darlebt neben dem Kinde, übersinnliche Vorstellungen und Empfindungen hat; denn durch alles, was wir an bloß materiellen Vorstellungen, an bloß an das Materielle anknüpfenden Empfindungen an das Kind heranbringen, stören wir die Entwicklung des Kindes.

Oftmals wird gefragt: Was können wir am besten tun, um ein Kind aufzuziehen? Wie bei so vielen Sachen handelt es sich nicht so sehr darum, daß wir ein paar Grundsätze aufstellen, die wir in der Westentasche oder im Pompadour herumtragen, um uns darnach richten zu können; es handelt sich darum, daß wir bei uns selber anfangen, daß wir uns bemühen, einen Fond übersinnlicher Vorstellungen in uns zu tragen, daß wir von einer ins Übersinnliche gehenden Gesinnung und Empfindung durchdrungen sind. Denn diese wirken viel mehr als dasjenige, was wir nach äußerlichen Verstandesgrundsätzen und nach einer Verstandespädagogik bewirken können. Ein liebevolles Gemüt, das durchdrungen ist von der übersinnlichen Welt und dadurch alle Empfindungen vertieft, kommt dadurch auch in die Lage, ich möchte sagen – bitte das Wort nicht mißzuverstehen –, mit der Kindeserziehung einen gewissen Kultus zu treiben, der aber darin besteht, daß wir ein Wesen lieben, das uns aus der geistigen Welt geschickt worden ist, der in einer Vergeistigung der Kindesliebe besteht, in einem Durchdrungensein von dem Gefühl: dadurch, daß wir dem Kinde die Hände reichen, können wir uns sagen: Du reichst dem Kinde etwas durch die Hand, aber du mußt ihm ein Repräsentant sein derjenigen Kräfte, die nicht auf der Erde zu finden sind, sondern im Übersinnlichen.

Alles was man ausklügeln kann über mancherlei pädagogische Grundsätze, wird ungeheuer wenig fruchten, solange die Wissenschaft auf materialistischen Bahnen wandelt. Erst dasjenige wird fruchtbar für die wirkliche Erziehung des Kindes sein können, was sich aus der Geisteswissenschaft ergibt. Und das Wichtigste ist das, was wir aus uns selber machen. In der äußeren, materiellen Welt mögen wir viel wirken durch das, was wir tun; als Erzieher wirken wir viel mehr durch dasjenige, was wir sind. Ich bitte, das wohl zu beachten. Wir können geradezu als ein Motto, als eine Devise einer guten Pädagogik betrachten den Grundsatz: Für die äußere materielle Welt wirkst du durch das, was du tust; als Erzieher wirkst du durch das, was du bist.

Dann folgt die Zeit, in der wir das Knaben- oder Mädchenalter vollbringen, das Alter, in dem wir noch immer erzogen werden, in der Tat aber in einer anderen Weise erzogen werden als in der Zeit, während welcher wir Säuglinge sind. Das ist die weitere Etappe, die weitere Stufe, die wir betrachten wollen. Sie soll alles dasjenige umfassen von dem Zeitpunkte an, wo der Mensch anfängt, bewußt zu sich «Ich» zu sagen, bis zu dem Zeitpunkte, wo wir ihn entlassen dürfen aus der eigentlichen Erziehung, wo er frei in das Leben hinaustritt, dem Zeitpunkt, wo er sich als wohlerzogener oder ungezogener Mensch dem Strudel des Lebens zu übergeben hat.

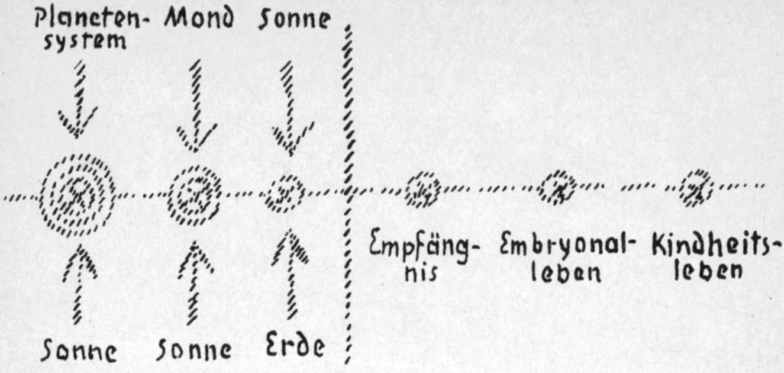

Auch dies ist eine Spiegelung, äußerlich durchaus Maja, und zwar eine Spiegelung wiederum von Vorgängen, die vorher liegen. Die realen Wirklichkeiten liegen nun wieder zwischen dem Tode und einer neuen Geburt. Und zwar wirkt hier zusammen das vollständige Planetensystem von der Sonne bis hinauf zum Saturn oder, wenn Sie nach der neueren Astronomie wollen, bis zum Neptun. Also das ganze Planetensystem wirkt hier zusammen mit dem gesamten Sternenhimmel, und was sich da abspielt zwischen dem Sternenhimmel und dem gesamten Planetensystem, das sind Kräfte, die in uns tätig sind in der Zeit, in der wir erzogen werden.

So wenig begreift man die Realität des Menschen aus den bloßen Vorgängen auf der Erde, daß man diesen Menschen nur verstehen kann in bezug auf die Zeiten, wo er erzogen wird, wenn man sich klar ist darüber, daß da Kräfte in ihm spielen in dem Gesamtleben, die nicht auf der Erde sind, die nicht einmal im Planetensystem, sondern außerhalb des Umkreises der Planeten liegen und wirken im Zusammenspiel mit dem ganzen Sternenhimmel.

Haben wir ein Kind vor uns, das schon zu sich «Ich» sagt, das wir also in gewissem Sinne als einen Menschen ansprechen, so müssen wir uns klar sein darüber: in ihm wohnt etwas, was eine Spiegelung ist von etwas, das nicht nur außerhalb unserer Erde, sondern außerhalb unseres Planetensystems tätig ist.

Daher gilt natürlich viel mehr noch und in viel höherem Maße für die spätere Erziehung, was für die erste Kindeserziehung gesagt worden ist, nämlich der Satz: Eine gute Pädagogik wird es erst dann geben, wenn die Pädagogik aus der Geisteswissenschaft geschöpft sein wird, wenn der Lehrer durchdrungen ist davon, daß außerhalb des Planetensystems eine Welt vorhanden ist, die im Menschen sich entfaltet, und wenn er nicht nur theoretisch, sondern in seiner Empfindung und in seiner Gesinnungsweise durchdrungen ist davon, wenn er selbst durchlebt hat die Wahrheit dieser überplanetarischen Welt. Die Tapserei eines solchen Lehrers kann oftmals besser sein als die ausgeklügelten pädagogischen Grundsätze eines materialistischen Lehrers. Denn das, was wir tapsen, was unsere Torheit vollbringt, das bessert sich im Laufe des Lebens. Nicht korrigiert sich im Laufe des Lebens aber das, was von uns aus geschieht durch das, was wir sind.

Es wäre zu wünschen, daß unter dem mancherlei, was die Geisteswissenschaft metamorphosieren oder transformieren soll, auch dieses wäre: man sollte immer mehr und mehr einsehen, daß diejenigen, die Lehrer und Erzieher werden wollen – im Grunde genommen also auch alle, die Eltern werden wollen –, darauf zu sehen haben, daß sie gute Erzieher werden durch Aufnahme spiritueller Vorstellungen, die sie in ihrer eigenen Seele ansammeln. Die meiste Arbeit hat man an sich selber vorzunehmen, wenn man ein guter Erzieher werden will. Und mehr kommt zum Beispiel beim Lehrer in Betracht, daß er in dem Lehrstoff, den er am nächsten Tage in der Schule durchnehmen will, mit seinem ganzen Herzen lebt, bevor er die Schule betritt, als daß er möglichst gute pädagogische Grundsätze hat, wie er das oder jenes machen soll. Nachdem er den Lehrstoff liebgewonnen hat, ihn geistig innerlich in Liebe geboren hat, kann er selbst tapsen in der Unterrichtsstunde – obwohl ich das nicht empfehlen will –, und er wird Besseres leisten als derjenige, der mit allen möglichen Grundsätzen die Schule betritt, in die sein Gehirn eingeschnürt ist wie in spanische Stiefel, und der alles weiß, wie man es am richtigsten macht.

Wir wissen, daß vorläufig noch in entgegengesetztem Sinne in der Welt verfahren wird. Diejenigen, die heute Erzieher sein sollen, die prüft man ja vor allen Dingen in bezug auf dasjenige, was sie wissen, was sie an inhaltlichem Wissen in sich aufgenommen haben. Fast möchte man ja schon sagen: man prüft sie über dasjenige, was sie in Büchern finden können, wovon es besser wäre, daß sie sich darüber eine Bibliothek anlegten. Man prüft am allermeisten über das, was man jederzeit in der Bibliothek nachschlagen kann, wenn man das Nachschlagen gelernt hat. Namentlich bei der Lehrerprüfung müßte die Hauptsache nicht dasjenige sein, was der Betreffende, wenn er es braucht, leicht finden kann; auf das Wissen wäre weniger Wert zu legen, dagegen müßte jeder Lehrer angesehen werden daraufhin, wie er in seiner Gesinnung, in seiner Empfindung verbunden sein kann mit dem, was die Menschen sich als Erkenntnis, als Gefühl für die Entwicklung des ganzen Universums aneignen können. An dem Gefühl, das man gegenüber der Menschen- und Weltenentwicklung hat, sollte abgemessen werden, ob ein Mensch als Lehrer tauglich ist oder nicht. Dann würden allerdings diejenigen in ihrem Examen durchfallen, welche nur am meisten wissen, und diejenigen würden das Examen am besten bestehen, die im geistigen Sinne gute Menschen sind.

Dahin wird es auch zuletzt noch kommen. Das ist das, wohin wir zuletzt tendieren müssen: Ein Mensch, der kein guter Mensch ist, dessen Seele nicht dem geistigen Leben zugeneigt ist, würde künftig beim Lehrerexamen durchfallen, wenn er auch noch soviel weiß, wenn er auch alles im kleinen Finger hat, was man wissen muß heute.

So wird gerade hier sich das Feld eröffnen, auf dem weniger auf das Gehirnwissen Wert gelegt wird, sondern viel mehr auf die ganze Entfaltung der Seele. Noch einmal sei es betont: Da kommt es nicht darauf an, daß wir wertvoll sind durch das, was wir im äußeren materiellen Felde bewirken, durch das, was wir tun; als Erzieher sind wir vor allem wertvoll durch dasjenige, was wir sind.

Nun handelt es sich darum, daß wir alles das beachten, was sich auf jenen realen Vorgang bezieht, der sich in der Empfängnis abspiegelt. Alles das gehört der Erde an. Aber insofern es vor der

Geburt liegt, gehört es dem Zusammenwirken von Sonne und Erde an; es vollzieht sich in der Erdenaura. In der Erdenaura spiegelt sich vor der menschlichen Empfängnis ein bedeutungsvoller geistiger Vorgang ab, der sich dann wieder in der Empfängnis spiegelt. Dasjenige, was sich dann zwischen dem Zeitpunkt, der sich in der Geburt spiegelt, und dem eben genannten Zeitpunkt abspielt, das ist, in der Realität, vor der Geburt ein Zusammenwirken von Sonne und Mond, und dieses ist im wesentlichen eine Wiederholung der Vorgänge, die sich früher abgespielt haben während der alten Mondenzeit der Erde.

Also während des Embryonallebens spielt sich ab die Spiegelung eines realen Vorganges, und der reale Vorgang spielt sich vor der Geburt ab, und der ist wie eine Wiederholung der Vorgänge, die sich auf dem alten Mond abgespielt haben. Ebenso ist dasjenige, was sich abspielt in dem Vorgange, der widergespiegelt wird durch die Zeit zwischen dem Ende der Kindheit, dem Zeitpunkt, wo der Mensch zum bewußten Ich-Sagen kommt, und dem Zeitpunkt der Geburt, eine Wiederholung der alten Sonnenwirkung. Dasjenige, was sich noch vorher abspielt, was sich in dem Erziehungszeitalter spiegelt, das ist eine Wiederholung der alten Saturnvorgänge der Erde.

Und nun gar, wenn wir als wohlerzogener oder ungezogener Mensch entlassen werden aus der Erziehung und frei in die Welt hinausgeschickt werden, was spiegeln sich denn dann für Vorgänge? Dann spiegeln sich Vorgänge, die noch vor der Saturnzeit liegen, dann spiegeln sich Vorgänge in uns, die überhaupt nicht zur sichtbaren Welt gehören, nicht einmal so zur sichtbaren Welt gehören, daß sie ein Korrelat haben in den äußeren sichtbaren Sternen. Das Korrelat von dem, was wir bis zum Ende unserer Erziehung erleben, davon könnte man sagen, man sieht es doch noch. Die äußersten Sterne, die noch sichtbar sind, haben noch Beziehung dazu. Aber das, was wir dann noch erleben, was dann noch in uns gebildet werden kann, gehört gänzlich der unsichtbaren Welt an. Aus aller sichtbaren Welt werden wir entlassen, wenn wir unsere Erziehung wirklich vollendet haben.

Und da handelt es sich natürlich dann darum, daß wir unsere Seele bereichern oder schon bereichert haben durch dasjenige, was Wahrheiten der übersinnlichen Welten sind. Denn nur dadurch finden wir den Weg durch das Leben wirklich; sonst sind wir eine Puppe, ein Popanz, geführt von den Kräften, von denen geführt zu werden wir eigentlich nicht berufen sind. Der Mensch, der nach der Saturnspiegelung in seiner Entwicklung frei in die Welt entlassen ist und der in seiner Seele keine Vorstellung hat von einer übersinnlichen Welt, der ist nicht in dem Elemente, zu dem er eigentlich berufen ist, sondern er wird mitgenommen von den unsichtbaren Kräften, wie der Harlekin, die Marionette mitgenommen werden von den Kräften, welche in den Fäden, an denen man zieht, vorhanden sind.

Dasjenige in sich aufnehmen, was Geisteswissenschaft geben kann, das bedeutet Mensch werden, das bedeutet nicht Popanz, nicht Marionette, nicht Puppe der sinnlichen Welt bleiben, sondern zur Freiheit kommen, welche sozusagen das Element sein soll, in dem der Mensch wirkt und lebt sein Leben lang. Die Freiheit ist überhaupt nur zu verstehen aus solchen Begriffen heraus, welche nicht aus der sinnlichen Welt stammen. Denn mit allem, was wir aus der Sinnenwelt haben, können wir nicht frei werden. Das hatte ich im Auge, als ich meine «Philosophie der Freiheit» schrieb, wo ich betont habe – wie es sozusagen ohne die Vorstellungen der Geisteswissenschaft geschehen kann –, daß die Grundlagen der Ethik, der Sittenlehre bezeichnet werden müssen als moralische Phantasie; das heißt, sie müssen gefunden werden auf Grundlage der moralischen Phantasie, obwohl man das natürlich nicht bloß als Phantasiebild betrachten darf, was sittlich ist, aber sie müssen gefunden werden durch die moralische Phantasie, durch dasjenige, was aus keiner Sinnenwelt herausgenommen werden kann. Das ganze Kapitel, das geschrieben worden ist über «die moralische Phantasie», ist eine Bekräftigung davon, daß der Mensch sein Leben hindurch, insofern er es in Freiheit zubringen soll, sich in Zusammenhang wissen muß mit dem, was ihm kein aus der Sinnenwelt herausgenommenes Bild ist, sondern was in ihm frei aufsteigen muß, was er in sich trägt, was selbst über die sichtbaren Sterne erhaben ist, was er nicht aus der sinnlichen Welt schöpfen kann, was er einzig schöpfen kann durch innerliches, schöpferisches Verfahren. Das ist gemeint gewesen mit dem Kapitel über die moralische Phantasie.

Es war dies wieder eine Betrachtung, dazu bestimmt zu zeigen, wie mannigfaltig die Zusammenhänge sind, in die wir im Leben hineingestellt werden. Wie das Leben vor der Geburt vorbereitend ist für seine Spiegelung, so ist wieder die Spiegelung zwischen der Geburt und dem Tode vorbereitend für das geistige Leben, das nachher kommt zwischen dem Tod und einer neuen Geburt. Je mehr wir hineintragen können aus diesem Leben in das Leben zwischen dem Tod und einer neuen Geburt, desto reicher kann die Entfaltung in diesem Leben sein. Denn selbst die Begriffe, die wir uns aneignen müssen für jenes Leben, für die Wahrheiten zwischen dem Tod und einer neuen Geburt, diese Begriffe müssen sehr verschieden sein von denjenigen, die wir uns für die irdische Maja, wenn wir sie verstehen wollen, aneignen müssen. Einige von jenen Begriffen, die wir uns aneignen müssen, finden Sie in dem Wiener Vortragszyklus von 1914 «Inneres Wesen des Menschen und Leben zwischen Tod und neuer Geburt». Da werden Sie finden, wie man sich neue Begriffe zum Verständnisse desjenigen aneignen muß, was als die andere Seite des menschlichen Lebens verfließt zwischen dem Tode und einer neuen Geburt. Es ist manchmal recht schwierig, nach und nach die Begriffe und Ideen herauszuarbeiten, die man für dieses andersgeartete Leben braucht. Und Sie werden es gerade einem solchen Vortragszyklus, wenn Sie ihn durchlesen, anmerken, wie nach Ausdrücken gerungen wird, die einigermaßen diese ganz andersartigen Verhältnisse wiedergeben.

Insbesondere möchte ich in diesem Zeitpunkte, in dem in unser anthroposophisches Leben die Tode teurer Mitglieder hineinspielen, auf eines aufmerksam machen. Eine andere Rolle spielt im Leben zwischen dem Tod und einer neuen Geburt der Zeitpunkt des Todes als in unserem jetzigen Leben zwischen der Geburt und dem Tode der Zeitpunkt der Geburt. Der Zeitpunkt der Geburt ist derjenige Zeitpunkt, an den sich unter gewöhnlichen Verhältnissen des irdischen Lebens der Mensch nicht erinnert. Der Mensch erinnert sich nicht an seine Geburt im gewöhnlichen Leben. Der Zeitpunkt des Todes ist aber derjenige, welcher für das ganze Leben zwischen dem Tode und einer neuen Geburt den allertiefsten Eindruck zurückläßt, der am meisten von allen erinnert wird, der immer dasteht gewissermaßen, aber in einer anderen Gestalt, als er angesehen wird von dieser Seite des Lebens aus. Von dieser Seite des Lebens aus erscheint der Tod als eine Auflösung, als etwas, wovor der Mensch leicht Furcht und Grauen hat. Von der anderen Seite erscheint der Tod als der lichtvollste Anfang des geistigen Erlebens, als dasjenige, was etwas Sonnenhaftes ausbreitet über das ganze spätere Leben zwischen dem Tode und einer neuen Geburt, dasjenige, was am meisten mit Freuden die Seele durchwärmt im Leben zwischen dem Tode und einer neuen Geburt, dasjenige, auf das immer wieder mit tiefer Sympathie zurückgeblickt wird. Das ist der Moment des Todes. Wenn wir ihn in irdischen Ausdrücken schildern wollen: Das Allererfreulichste, das Allerentzückendste im Leben zwischen dem Tode und einer neuen Geburt ist, von der anderen Seite angesehen, der Moment des Todes.

Wenn wir uns die Vorstellung etwa aus der materialistischen Weltanschauung heraus gebildet haben, daß der Mensch mit dem Tode das Bewußtsein verloren habe, wenn wir keine richtige Vorstellung gewinnen können über diesen Fortgang des Bewußtseins – ich spreche das am heutigen Tage besonders aus, weil die Ursache, die Veranlassung dazu das Zusammenleben mit den lieben Toten ist, die in der letzten Zeit von uns gegangen sind –, wenn wir uns so schwer eine Vorstellung davon machen können, daß ein Bewußtsein über den Tod hinaus existiert, wenn man glaubt, das Bewußtsein verdunkelt sich – es scheint auch so, daß sich das Bewußtsein nach dem Tode verdunkelt –, dann müssen wir uns klar sein: Es ist nicht wahr, denn es ist das Bewußtsein ein überaus helles, und nur weil der Mensch noch ungewohnt ist, in der allerersten Zeit nach dem Tode in diesem übermäßig klaren Bewußtsein zu leben, tritt zunächst unmittelbar nach dem Tode etwas wie ein Schlafzustand ein.

Dieser Schlafzustand ist aber das Entgegengesetzte von dem Schlafzustande, den wir im gewöhnlichen Leben verbringen. Im gewöhnlichen Leben schlafen wir, weil das Bewußtsein herabgedämpft ist. Nach dem Tode sind wir in gewissem Sinne bewußtlos, weil das Bewußtsein zu stark, zu kräftig ist, weil wir ganz in Bewußtsein leben, und was wir brauchen in den ersten Tagen, ist ein Hineinleben in diesen übermäßigen Bewußtseinszustand. Wir müssen uns erst orientieren lernen in diesem übermäßigen Bewußtseinszustande. Wenn es uns dann gelingt, uns so weit darinnen zu orientieren, daß wir wie aus der Fülle der Weltgedanken heraus aufgehen fühlen: Das warst du! – in dem Augenblicke, wo wir zu unterscheiden anfangen aus der Fülle der Weltgedanken unser vergangenes Erdenleben, erleben wir in dieser Fülle des Bewußtseins darinnen den Moment, von dem wir sagen können: Wir wachen auf. – Wir werden vielleicht erweckt durch ein Ereignis, das besonders bedeutsam in unser Erdenleben eingegriffen hat, das auch in die Ereignisse nach unserem Erdenleben eingreift.

Also es ist ein Sich-Gewöhnen an das übersinnliche Bewußtsein, an das Bewußtsein, das nicht auf der Grundlage und Stütze der physischen Welt aufgebaut ist, sondern das in sich selber wirkt. Das ist es, was wir «Aufwachen» nennen nach dem Tode. Man möchte sagen, dieses Aufwachen besteht in einem Sich-Zurechttasten des Willens, der, wie Sie wissen und wie Sie aus dem angeführten Vortragszyklus ersehen können, nach dem Tode sich besonders entwickeln kann. Ich habe da gesprochen von dem gefühlsartigen Willen, von dem willensartigen Gefühl. Wenn dieses willensartige Gefühlsleben sich hineintastet in die übersinnliche Welt, wenn es den ersten Taster macht, dann ist das Aufwachen eingetreten.

Dieser Vortrag, dem der Titel «Notwendigkeit und Freiheit im Handeln» gegeben wurde, ist enthalten in dem Band von fünf Vorträgen, die Rudolf Steiner Anfang des Jahres 1916 mit dem Thema «Notwendigkeit und Freiheit im Weltengeschehen und im menschlichen Handeln» (GA 166) gehalten hat. Das Gesamtthema zeigt, in welchen Zusammenhängen Rudolf Steiner die Tätigkeiten des Lehrers sieht. Der Inhalt des Vortrages knüpft inhaltlich auch an den siebten hier abgedruckten Vortrag an.

Notwendigkeit und Freiheit im Handeln

Was ich heute als Fortsetzung der Betrachtungen der verflossenen Woche zu geben habe, werde ich versuchen, zunächst durch eine Art hypothetischen Fall wiederum klarzumachen. Man kann manche Dinge, die gerade mit den tiefsten Rätseln des menschlichen Daseins zusammenhängen, eben am besten der abstrakten Betrachtungsweise entheben und dem Wirklichen mehr nähern, wenn man Beispiele nimmt. Selbstverständlich gilt dasjenige, was ich als ein Beispiel ausführen werde, das hypothetisch angenommen wird, für alle möglichen Lagen des Lebens. Nehmen wir also zunächst einmal ein hypothetisches Beispiel.

Wir versetzen uns in eine Schule, vielleicht in eine Schule von drei Klassen, denen drei Lehrer vorgesetzt sind und ein Direktor. Diese drei Lehrer, nehmen wir an, seien von sehr, sehr verschiedener Charakter- und Temperamentsart. Wir denken, es sei der Beginn eines neuen Schuljahres. Der Direktor bespricht sich mit seinen Lehrern über das kommende Schuljahr. Da ist zunächst ein Lehrer einer Klasse. Der sagt zu dem Direktor, nachdem ihn der Direktor gefragt hat, wie er sich einzurichten gedenke, wie er am besten vorwärtszukommen gedenke im nächsten Schuljahr: Nun, ich habe während der Ferienzeit sorgfältig dasjenige mir aufgeschrieben, wovon ich angenommen habe, daß es in meinen Anordnungen, in meiner ganzen Schulleitung im vorigen Jahre von den Schülern nicht ganz gut getroffen worden ist, was also von mir nicht gut eingerichtet war. Und ich habe mir nun fürs kommende Jahr einen neuen Plan zurechtgerückt, einen Plan, der alles dasjenige enthält, wovon ich mich überzeugt habe, daß es im vorigen Jahre gut getroffen worden ist, daß es in die Hirne, in die Köpfe hineingegangen ist. Ich habe alle Aufgaben, die ich im Laufe des Jahres stellen werde, so eingerichtet, daß in meinem ganzen Plan für das kommende Jahr dasjenige enthalten ist, was am allerbesten im verflossenen Jahre getroffen worden ist, wovon man also annehmen kann, daß es sich im verflossenen Jahre gut erprobt hat. – Als ihn der Direktor etwas weiter fragte, da konnte er sogleich herausrücken mit einem Plan, den er sich über die Verteilung des Lehrstoffes zurechtgelegt hatte. Er konnte ferner anführen, welche Schulaufgaben er im Laufe des Jahres geben werde, welche Hausaufgaben er geben werde. Alle Themen für Schul- und Hausaufgaben hatte er nach den sorgfältigen Erfahrungen, wie er sagte, des vorigen Jahres sich zurechtgelegt. Da meinte der Direktor: Nun, ich bin sehr zufrieden. Sie sind zweifellos ein sorgfältiger Lehrer, und Sie werden mit Ihrer Klasse, wie ich glauben kann, etwas Ausgezeichnetes erreichen.

Der zweite Lehrer sagte in einer ähnlichen Weise: Ich habe das ganze Pensum, das ich mit meinen Schülern in dem vorigen Jahre absolviert habe, durchgenommen, und ich habe gesehen, was ich alles verfehlt habe. Ich habe mir nun den neuen Plan so eingerichtet, daß ich alle Fehler, die gemacht worden sind, vermeiden werde. – Und er konnte ebenfalls dem Direktor ein ausgearbeitetes Pensum zeigen: Themen für alle Schul- und Hausarbeiten, die er im Laufe des Jahres den Schülern auf Grundlage, wie er sagte, der Erfahrungen des vorigen Jahres, der Erfahrungen über seine Fehler, die er gemacht habe, geben wollte. Der Direktor sagte: Der, den ich vorher gesprochen habe, hat versucht, sich alles Vorzügliche, was ihm gelungen ist, zu notieren und danach sein Pensum zu notieren. Sie haben versucht, alle Fehler zu vermeiden. Man kann es auf beide Arten machen. Ich habe die Beruhigung, daß Sie etwas Ausgezeichnetes mit Ihrer Klasse erreichen werden. Ich sehe mit einer gewissen Befriedigung, daß ich Lehrer in meiner Schule habe, welche, indem sie zurückschauen auf dasjenige, was sie geleistet haben, sich durch eine weise Selbsterkenntnis in entsprechender Weise zu verhalten wissen. – Die Vorzüge gut erkennen, das ist etwas, was auf einen Direktor einen sehr guten Eindruck machen muß.

Nun kam der dritte Lehrer daran. Der dritte Lehrer sagte: Ich habe auch mir während der Ferien viel durch den Kopf gehen lassen, was sich im vorigen Jahre in meiner Klasse ereignet hat. Ich versuchte, die Charaktere der Schüler zu studieren, habe eine

Art Rückschau gehalten auf dasjenige, was sich bei dem einen zugetragen hat und was sich bei dem anderen zugetragen hat. – Nun, sagte der Direktor, da werden Sie ja auch gesehen haben, was Sie für Fehler gemacht haben und was Sie Gutes geleistet haben, und werden sich auch eine Art Programm machen können für das kommende Jahr. – Da sagte der Lehrer: Nein. Fehler werde ich schon gemacht haben. Einiges werde ich auch gut gemacht haben. Aber ich habe nur studiert die Charaktere der Schüler und dasjenige, was sich zugetragen hat. Ich habe nicht besonders nachgedacht darüber, ob ich besondere Fehler gemacht habe, ob dies oder jenes besonders gut war. Das habe ich nicht getan. Ich habe mir gedacht: Ja, so wie es gekommen ist, hat es eben einmal kommen müssen. Und so habe ich eben nur das studiert, wovon ich glaube, daß es durch eine Art von Notwendigkeit hat kommen müssen. Die Schüler waren in einer gewissen Weise geartet. Wie sie geartet waren, das habe ich sorgfältig studiert. Ich war auch in einer bestimmten Art geartet, und durch unser beider Artung ist eben das herausgekommen, was herauskommen konnte. Ja, mehr kann ich nicht sagen, meinte der dritte Lehrer. – Nun, sagte der Direktor, es scheint ja, als ob Sie ein recht selbstzufriedener Mann wären. Haben Sie nun auch sich ein Programm gemacht, haben Sie auch die Themen ausgearbeitet, die Sie im Laufe des Jahres Ihren Schülern geben werden als Schul- und Hausaufgaben? – Nein, antwortete der Lehrer, das habe ich nicht gemacht. – Ja, wie wollen Sie es dann machen in Ihrer Klasse? – Da sagte der Lehrer: Ich werde sehen, was ich nun in diesem Jahr für Schülermaterial haben werde. Und ich denke, daß ich das werde besser erkennen können als im vorigen Jahre, weil ich immer während meiner Ferien die Charaktere vom vorigen Jahre studiert habe. Aber wie sie dieses Jahr sein werden, das kann ich ja nicht wissen, das wird sich ja erst ergeben. – Ja, werden Sie denn nicht Themen ausarbeiten für die Schul- und Hausaufgaben? – Ja, aber das werde ich machen dann, wenn ich sehen werde, wie die Schüler begabt oder unbegabt sind. Ich werde versuchen, mich danach einzurichten. – Nun ja, sagte der Direktor, da können wir schön ins Unbestimmte hineinsegeln. Darauf kann man sich ja kaum einlassen.

Aber es war nichts anderes zu machen. Der Direktor mußte sich auf die Sache einlassen. Und nun ging es eben los für das nächste Jahr. Der Direktor inspizierte öfter die Schule. Er sah, wie es die beiden ersten Lehrer ganz ausgezeichnet machten. Bei dem dritten fand er immer, daß die Sache doch nicht so recht ginge. Man hätte keine Sicherheit, sagte er, man wisse eigentlich niemals, was im nächsten Monat geschehen werde. Nun, es ging aber so das Jahr hindurch. Und zum Schluß kam die Klassifikation. Aus der Klassifikation glaubte der Direktor zu erkennen, daß die beiden ersten Lehrer sehr günstig gewirkt hätten. Es sind ja bei ihnen selbstverständlich auch einige durchgefallen, andere durchgekommen von den Schülern, aber es ist alles in der Ordnung gegangen. Der dritte Lehrer hatte nach der Klassifikation keine schlimmeren Ergebnisse. Aber es hatte sich im Laufe des Jahres die Meinung verbreitet, er wäre eben sehr nachsichtig. Während die anderen strenge Lehrer waren, wäre er eben sehr nachsichtig, sehe sehr häufig durch die Finger, und der Direktor hatte die Überzeugung, daß die Klasse des letzten Lehrers eigentlich am schlimmsten abschnitte.

Nun kam das nächste Jahr. Die Ferien waren vorübergegangen. Das nächste Schuljahr kam, und die beiden ersten Lehrer sprachen sich in ähnlicher Weise aus, der dritte wieder in ähnlicher Weise wie im vorigen Jahr. Wiederum spielte sich eine ähnliche Sache ab. Der Schulinspektor kam ja auch öfter. Dem fiel natürlich dasjenige auf, was der Direktor gewissermaßen schon in ihm vorbereitet hatte: daß die beiden ersten Lehrer sehr gut seien, der andere aber ein sehr mäßiger Lehrer wäre. Ja, es war nichts anderes zu machen. Ich brauche kaum besonders zu sagen, daß die beiden guten Lehrer Orden bekamen nach einigen Jahren, dazu vorgeschlagen worden waren, daß der Direktor einen Orden höherer Klasse bekam. Das ist ja Nebensache, nicht wahr?

Nach einiger Zeit geschah das folgende: Der Direktor kam weg von dieser Schule, und ein anderer Direktor kam hin im Anfang des Schuljahres. Der besprach nun auch mit den drei Lehrern, wie sie es machen würden im nächsten Schuljahre und dergleichen. Da sagte wiederum der erste Lehrer in einer ähnlichen Weise aus, wie ich es Ihnen schon geschildert habe; der zweite auch, der dritte auch. Da sagte der Direktor: Ja, ja, das ist allerdings ein gewisser Unterschied in der Behandlungsweise. Allein ich glaube doch, daß sich die beiden ersten Herren ein wenig nach dem dritten Lehrer richten müßten. – Was, sagten die beiden ersten Herren, der frühere Direktor hat doch immer gesagt, daß sich der nach uns richten müßte! – Ja, sagte dieser Direktor, das meine ich nicht; mir scheint, daß sich die beiden ersten Herren nach dem dritten richten müßten. – Sie konnten sich aber nicht recht nach ihm richten, denn sie konnten nicht einsehen, wie man überhaupt in irgendeiner vernünftigen Weise voraussehen kann, was in der Zeit des nächsten Jahres geschieht, wenn man in einer solch blinden Weise wie der letzte Lehrer in dieses nächste Jahr hineintapst. Sie konnten sich das einfach nicht vorstellen.

Der frühere Direktor war mittlerweile selbst, selbstverständlich durch seine Einsicht in den guten Gang der Schulereignisse, Schulinspektor geworden. Er war nun höchst erstaunt über die Anschauungen, die sein Nachfolger ihm da entwickelte gerade in der Schule, die er doch sehr gut kannte. Wie denn das sein könne? Und er sagte: Ja, der dritte Lehrer, der hat mir nie etwas anderes gesagt als: Ich muß erst sehen, wie die Schüler sind, dann kann ich mir von Woche zu Woche ein Programm bilden – da kann man ja gar nichts voraussehen! Das geht doch ganz unmöglich, daß man nicht irgend etwas voraussieht. – Da sagte der Direktor: Ja, aber sehen Sie doch, gewiß, ich habe auch meine Lehrer gefragt, wie sie denn den Unterschied machen in bezug auf das Voraussehen. Es sagten mir die ersten beiden Herren immer: Ich weiß ganz genau, am 25. Februar des nächsten Jahres werde ich diese und jene Schulaufgabe geben, da kann ich ganz genau sagen, was da geschehen wird, und ich weiß ganz genau: zu Ostern werde ich dies oder jenes durchnehmen. Der andere Lehrer, der sagte mir: Ich weiß nicht gerade, wie ich's machen werde zu Ostern, ich weiß auch nicht, was ich im Februar für eine Schulaufgabe geben werde, ich werde mich nach dem richten, wie es das Schülermaterial ergibt. Und da meinte er auch, er könne in einer gewissen Weise voraussehen, daß die Sache gut werden würde. Ich bin eigentlich, sagte der neue Direktor, mit ihm ganz einverstanden. Man kann immer erst nachher sehen, daß das, was man sich vorgenommen hat, ganz gut ist, daß aus dem, wie man sich verhält zum vorigen Jahre, indem man die Schülercharaktere des vorigen Jahres studiert, man sich größere Fähigkeiten aneignet, die neuen Schülercharaktere kennenzulernen. Ich sehe ein, daß man dadurch mehr erreicht. – Ja, aber man kann da doch nichts vorauswissen! Da bleibt ja alles im Unbestimmten. Wo bleibt dann die Vorausbestimmung für das ganze Schuljahr? meinte der vorige, der frühere Direktor, man kann doch da gar nichts voraussehen. Man muß aber doch irgend etwas voraussehen können, wenn man irgend etwas vernünftig einrichten will. – Ja, meinte der neue Direktor, man kann voraussehen, daß die Sache gutgehen werde, wenn man sich gewissermaßen mit dem Genius, der in dem Schülermaterial waltet, verbindet und ein gewisses Vertrauen zu dem Genius hat, der in diesem Schülermaterial wirkt. Und wenn man dem Genius vertraut, dem gleichsam gelobt: man hält sich an ihn – so wird man zwar nicht voraussagen können, was im Februar als Schulaufgabe gegeben wird, aber man wird voraussagen können, daß die richtige gegeben wird. – Ja, aber da kann man nichts bestimmt voraussehen, da bleibt alles im Unbestimmten, sagte der Schulinspektor. – Da sagte der Direktor: Ich habe früher, sehen Sie, Herr Schulinspektor, einmal so etwas getrieben, was die Leute Geisteswissenschaft nennen. Da habe ich mir noch gemerkt von daher, daß Wesen, die sogar über den Menschen hinaus sehr viel erhaben sind, in viel wichtigeren Angelegenheiten es auch so gemacht haben sollen: denn am Anfange in der Bibel heißt es zum Beispiel «Und Gott machte das Licht», und erst nachdem er das Licht gemacht hatte, steht da «Und dann sah er, daß es gut war». – Ja, da konnte der Inspektor darauf gar nichts mehr Rechtes sagen.

Nun ging die Sache so weiter, eine Zeitlang. Nicht wahr, solche Direktoren wie derjenige, den ich hypothetisch angenommen habe, gibt es wenige, ich möchte sagen hypothetisch in zweiter Potenz, denn selbst in der Hypothese ist es schon hypothetisch, wenn man solch einen Direktor annimmt. Der Direktor wurde also sehr bald weggeschickt, und ein anderer, der dem Inspektor etwas ähnlicher war, wurde hingeschickt, und die Sache ging weiter, bis eines Tages es doch so weit war, daß der gänzlich «ordenlose» Mann von der Schule mit Spott und Schande weggejagt worden ist und ein anderer, der nach dem Zuschnitt der zwei ersten war, hingeschickt worden ist. Die Sache konnte auch zunächst gar nicht anders gemacht werden, denn in allen Registern und in allen Conduitelisten – ich glaube, man nennt es so – war eingetragen, welche großen Fortschritte gemacht waren von den beiden ersten Lehrern und wie bei dem dritten im Grunde doch nur schlechtes Material aus der Schule hervorgegangen ist, aus dem einfachen Grunde, weil er durch die Finger gesehen hat; sonst hätten ja immer alle durchfallen müssen. Es sei eben nun einmal mit einem solchen Menschen, wie der dritte Lehrer war, gar nichts zu machen.

Es vergingen viele Jahre. Zufällig war eine sehr merkwürdige Tatsache gefolgt. Der Direktor, der weggeschickt worden war, hatte versucht, der Sache tiefer auf den Grund zu gehen: wie es denn wurde mit den zwei Lehrern, die immer genaue Selbstschau getrieben haben in der Form, daß sie sich aufgezeichnet haben die Themen, mit denen sie weniger Erfolge gehabt haben, und sich dann solche gewählt haben, mit denen sie Erfolg gehabt haben, und was der zweite erreicht hat, was der dritte erreicht hat. Man war sogar ein wenig nachgegangen dem, was dann die betreffenden Schüler immer bei anderen Lehrern wiederum erreichen konnten. Man hat gefunden, daß die Schüler des dritten Lehrers viel schlechtere Fortschritte machten als die Schüler der beiden ersten Lehrer, wenn sie dann zu anderen Lehrern gekommen waren. Aber dabei blieb der Direktor nicht stehen. Er ging der Sache noch etwas tiefer auf den Grund und verfolgte die Leute, die aus der Hand dieser Lehrer hervorgegangen waren, ins Leben hinein. Da fand er denn, daß diejenigen, die aus der Hand der beiden ersten Lehrer hervorgegangen waren, ja ganz gewiß ehrenwerte Menschen, mit Ausnahmen selbstverständlich, geworden waren, daß sie also etwas Besonderes schon nicht erreicht haben, aber sie waren recht nette Menschen geworden. Aber unter den Schülern, die der dritte Lehrer bei seinem Schülermaterial hatte, da waren solche, aus denen ganz bedeutende Menschen hervorgegangen waren, die viel Hervorragenderes geleistet haben als die Schüler der anderen.

Da konnte er in dem einen Fall das zeigen. Aber es machte keinen besonderen Eindruck auf die Welt, denn man sagte: Man kann doch nicht immer erst das ganze Leben derjenigen verfolgen, die aus der Schule hervorgehen. Nicht wahr, das geht doch nicht! Und darauf kommt es doch wohl auch gar nicht an. So meinten die Menschen.

Warum erzähle ich Ihnen denn das alles? Sehen Sie, es ist ein gravierender Unterschied zwischen den beiden ersten Lehrern und dem dritten Lehrer. Die beiden ersten Lehrer nagten während der Ferien hindurch an dem, wie sie im verflossenen Jahre gearbeitet hatten. Der dritte Lehrer nagte nicht daran, sondern er hatte ein Gefühl davon, daß es hat so kommen müssen, wie es gekommen ist. Wenn ihm der Direktor, der erste Direktor, immer wieder gesagt hat: Ja, dann können Sie ja gar nicht wissen, wie Sie Fehler vermeiden sollen im kommenden Jahr, oder wie Sie, wenn Sie nicht studieren, was Sie Gutes geleistet haben im verflossenen Jahr, das Gute verwirklichen können – da hat er zunächst nichts gesagt darauf, denn er hat keine rechte Lust gehabt, diesem Direktor das klarzumachen. Aber hinterher hat er sich gedacht: Ja nun, wenn ich auch schon wirklich weiß, welche Fehler durch das Zusammenarbeiten von mir und meinen Schülern entstanden sind, so habe ich ja dieses Jahr andere Schüler, und da folgt gar nichts aus den Fehlern, die im vorigen Jahre gemacht worden sind. Ich muß rechnen mit dem neuen Schülermaterial.

Kurz, die ersten beiden Lehrer standen ganz drinnen im Toten, der letzte Lehrer fügte sich ein in das Lebendige. Man könnte auch sagen, die ersten Lehrer rechneten immer mit der Vergangenheit, der letzte Lehrer rechnete mit der unmittelbaren Gegenwart, und er grübelte nicht über die Vergangenheit, indem er sich von der Vergangenheit sagte: Das hat eben so stattfinden müssen, das ist notwendig so geschehen nach den gegebenen Bedingungen.

Es handelt sich darum, daß man, wenn man die Dinge so oberflächlich nach äußeren Urteilen ansieht, dann in der Tat dem wirklichen Geschehen der Welt gegenüber irregehen kann. Man geht irre aus dem Grunde, weil, wenn man es im Sinne der ersten Lehrer macht, man die Gegenwart beurteilt nach dem Toten der Vergangenheit, nach demjenigen, was in der Vergangenheit vergangen bleiben muß. Der dritte Lehrer hat von der Vergangenheit das Lebendige genommen und dieses Lebendige dadurch herausbekommen, daß er einfach die Charaktere studiert hat und durch das Studieren der Charaktere sich selber vollkommener gemacht hat, daß er vor allen Dingen darauf bedacht war, sich selber weiterzubringen dadurch, daß er seine Rückschau auf die Vergangenheit gemacht hat. Dann sagte er sich: Wenn ich mich dadurch weiterbringen kann, wird dasjenige, was ich in Zukunft zu tun habe, mit meinen größeren Fähigkeiten, die ich mir dadurch angeeignet habe, erreicht werden.

Die beiden ersten Lehrer sagten sich, indem sie einen gewissen Aberglauben an die Vergangenheit hatten: Fehler, die sich in der Vergangenheit gezeigt haben, muß man in der Zukunft vermeiden, und Vorzüge, die sich in der Vergangenheit gezeigt haben, müssen in der Zukunft angewendet werden. Aber sie machten es im toten Sinne. Sie machten es so, daß sie nicht ihre Fähigkeiten steigern wollten, sondern sie wollten nur durch die äußere Beobachtung entscheiden. Nicht durch lebendige Arbeit an sich selber wollten sie wirken, sondern sie meinten, aus der Beobachtung allein, aus demjenigen, was sich der Beobachtung ergibt, könnten sie irgend etwas für die Zukunft gewinnen.

Geisteswissenschaftlich müssen wir sagen: Der erste der Lehrer, der sorgfältig untersucht hat, welche Vorzüge er in der Vergangenheit geltend gemacht hat, und diese Vorzüge nun in der Zukunft wiederum seinem Wirken einverleiben will, der handelt in ahrimanischem Sinne. Das ist ahrimanisch gehandelt. Da klebt man an dem Vergangenen und betrachtet in selbstgefälliger Art aus dem persönlichen Egoismus heraus mit Befriedigung alles dasjenige, was man gut gemacht hat, und tut sich etwas zugute darauf. Das Wort ist ja nicht schlecht gewählt, weil man wirklich auf das hinsieht, was man gut gemacht hat, und das weiter entwickeln will. Man tut sich etwas zugute darauf, daß man das oder jenes so gut getroffen hat und es nun weiter verwenden kann.

Der zweite der Lehrer hatte einen Charakter, der mehr von luziferischen Kräften beherrscht war. Der grübelte nach, was er für Fehler gemacht hat, und sagte sich: Nun, diese Fehler muß ich vermeiden. Er sagte sich nicht: Das, was geschehen ist, war notwendig, es mußte so geschehen – sondern er sagte: Ich habe Fehler gemacht. Dazu gehört immer etwas Egoistisches, daß man eigentlich besser gewesen sein möchte als man wirklich war, wenn man sich sagt, man habe Fehler gemacht, die hätten vermieden werden sollen, und man müsse sie jetzt vermeiden. Aber man klebt an dem Vergangenen, wie Luzifer auch, der geistig das Vergangene in die Gegenwart hinüberträgt. Das ist luziferisch gedacht.

Der dritte Lehrer war, ich möchte sagen, beseelt von den Kräften der naturgemäß fortschreitenden göttlichen Wesenheiten, deren richtigem göttlichem Prinzip, welches schon im Beginne der Bibel dadurch ausgedrückt ist, daß die Elohim zuerst schaffen und dann sehen, daß das Geschaffene gut war; aber nun nicht darauf sehen in egoistischer Weise, wie sie selber vorzügliche Wesen seien, weil sie das, was sie geschaffen hatten, gut gemacht haben, sondern daß es gut war, das nehmen sie auf, um nun weiter zu schaffen. Das verleiben sie ihrer Entwicklung ein. Sie leben im Lebendigen und weben in diesem Lebendigen.

Darauf kommt es an, daß wir einsehen, wie wir selber als ein Lebendiges in eine Welt von Lebendigem hineingestellt sind. Wenn wir dieses einsehen, dann werden wir gewissermaßen auch nicht zu Kritikern der Götter, zum Beispiel der Elohim. Denn derjenige, der seine Weisheit über die Weisheit der Götter stellen möchte, der könnte ja sagen: Na, haben denn diese Götter nicht einmal, wenn sie Götter sein wollen, vorausgesehen, daß das Licht gut sein werde? Das sind mir nicht einmal Propheten, diese Götter! Wenn ich ein Gott wäre, dann würde ich selbstverständlich das Licht nur schaffen, wenn ich vorher weiß, wie das Licht ist, und wenn ich nicht nachher erst sehen muß, daß das Licht gut ist.

Aber das ist die Menschenweisheit, die über Götterweisheit

gestellt wird. In gewissem Sinne sah auch der dritte Lehrer voraus, was kommen werde, aber er sah es in lebendigem Sinne voraus, in dem er sich hingab, ich möchte sagen, dem Genius des Wirkens, dem Genius der Entwicklung, indem er sich sagte: Indem ich mir einverleibe das, was ich durch das Studium der Charaktere im vorigen Jahre gewonnen habe, indem ich nicht genagt habe an den Fehlern, die ich gemacht habe notwendig aus dem einfachen Grunde, weil ich es eben so gab, wie ich gewesen bin, und indem ich sorgfältig studiert habe, ohne eine Kritik anzuwenden gegen dasjenige, was sich mir entgegenstellte als meine eigene Vergangenheit, dadurch habe ich meine Fähigkeit erhöht und habe mir außerdem einen fähigeren Blick erworben für das, was nun mein neues Schülermaterial ist. – Und er sah ein, daß die zwei ersten Lehrer doch nur das Schülermaterial ansehen durch die Brille desjenigen, was sie im vorigen Jahre gemacht haben, das sie doch niemals richtig beurteilen können. So konnte er sagen: Ja, ganz gewiß, ich glaube es, daß ich in vier Wochen den Schülern die richtige Schulaufgabe geben werde, und ich kann ganz gewiß auf diese meine Prophetie vertrauen, daß ich die richtige Schulaufgabe geben werde.

Die anderen waren bessere Propheten. Sie konnten nämlich sagen: Ich werde diejenige Schulaufgabe geben, die ich mir aufgeschrieben habe; die werde ich ganz gewiß geben. Das war aber ein Voraussehen der Tatsachen und nicht ein Voraussehen des Ganges der beweglichen Kräfte. Diesen Unterschied muß man sehr festhalten. Prophetie als solche ist nicht unmöglich. Aber Prophetie desjenigen, was im einzelnen vorgeht, wenn in dieses einzelne hineinverwoben ist Wesen, welches aus sich selbst heraus handeln soll, solche Prophetie kann nur möglich sein, wenn man bloß auf diejenigen Erscheinungen sieht, die von Luzifer und Ahriman aus der Gegenwart in die Zukunft hinübergetragen werden.

Wir kommen allmählich näher der großen Frage, die uns beschäftigt in diesen Vorträgen über Freiheit und Notwendigkeit. Aber wir müssen gerade bei dieser Frage, die so tief eingreift in das ganze Weltgeschehen und in alles menschliche Geschehen, uns auch alle Schwierigkeiten vorlegen. Wir müssen zum Beispiel uns klar sein darüber, daß, indem wir überschauen dasjenige, was sich abgespielt hat und in das wir selber verwickelt sind, wir dieses als ein Notwendiges überschauen. Und im Augenblicke, wo wir alle Bedingungen kennen, überschauen wir es als ein Notwendiges. Das ist gar kein Zweifel, wir überschauen das, was geschehen ist, als ein Notwendiges. Aber wir müssen uns zugleich die Frage vorlegen: Kann man denn so, wie es sehr häufig geschieht, die Ursachen für ein Späteres immer in dem unmittelbar Vorangegangenen finden? Die Naturwissenschaft muß es in einem gewissen Sinne so machen, daß sie für das, was in der nächsten Zeit geschieht, in der unmittelbar vorangehenden Zeit die Ursache sieht. Wenn ich ein Experiment anstelle, so muß ich selbstverständlich bei dem, was später geschieht, mir klar sein, daß in dem, was vorher geschehen ist, die Ursache liegt. Aber das bedeutet durchaus nicht, daß das für das ganze Weltengeschehen gelten müsse, denn erstens könnten wir uns sehr leicht täuschen über den Zusammenhang von Ursache und Wirkung, wenn wir ihn so aufsuchen würden nach den Fäden des Späteren und Früheren. Ich möchte es durch einen Vergleich klarmachen.

Wenn wir die Wirklichkeit äußerlich mit den Sinnen durchschauen, so können wir sagen: Ganz gewiß, weil dies so ist, ist das andere so. Da kommen wir aber sehr häufig, wenn wir es ausdehnen auf das gesamte Geschehen, zu dem Irrtum, den ich eben durch einen Vergleich charakterisieren will. Wir kommen zu folgendem Irrtum. Nehmen wir der Einfachheit halber an, ein Mensch kutschiere sich selber. Wir sehen ein Pferd, hinten einen Wagen, einen Menschen darauf sitzen – ich habe das Beispiel schon öfter gebraucht –, der also fährt. Man sieht sich das an und sagt ganz selbstverständlich: Das Roß zieht, der Mann wird gezogen. Der Mann wird überall hingezogen, wohin ihn das Roß zieht. Das ist ja ganz klar. Also das Roß ist die Ursache, weshalb der Mann gezogen wird. In dem Ziehen des Rosses liegt die Ursache; daß der Mann gezogen wird, das ist die Wirkung. Na schön, aber Sie wissen ja alle, daß das nicht so ist, daß der Mann, der oben sitzt und sich kutschiert, das Roß nach seinem Willen lenkt. Obzwar das Roß ihn zieht, zieht ihn das Roß dahin, wohin er will.

So ist es sehr häufig auch, wenn man rein äußerlich nach den Geschehnissen auf dem physischen Plane urteilt. Nehmen Sie noch einmal das hypothetische Beispiel, das wir vor einigen Tagen angeführt haben: Eine Gesellschaft macht sich auf, setzt sich in eine Kutsche, der Kutscher hat die Abfahrtszeit versäumt. Sie kommen dadurch um fünf Minuten zu spät. Dadurch kommen sie gerade in der Zeit unter einem Felsenhang an, in der dieser Felshang abstürzt, und er zerschmettert die Gesellschaft. Nun kann man, wenn man die Ursache auf dem physischen Plane verfolgt, natürlich sagen: Das ist geschehen, und nachher ist das geschehen und jenes geschehen – und man wird auf diese Weise etwas herausbekommen. Aber man könnte wirklich in diesem Falle den Fehler machen, den man macht, wenn man sagt, das Roß zieht den Führer dahin, wo es will – wenn man nicht beachtet, daß der kutschierende Mann das Roß nach seinem Willen lenkt. Man könnte diesen Fehler aus dem Grunde machen, weil das Lenkende in diesem Falle vielleicht in der geistigen Welt zu suchen sein könnte. Wenn man die Ereignisse bloß auf dem physischen Plane verfolgt, so urteilt man eben wirklich in dem Stile, wie: daß der Betreffende dahin fahren muß, wohin das Roß ihn zieht. Wenn man aber die geheimen Kräfte, die da walten in dem ganzen Ereignisse, durchschaut, dann sieht man, daß die Ereignisse hingelenkt worden sind zu dem Punkt und daß das Zu-spät-Einsetzen des Kutschers eben zu dem ganzen Komplex der Bedingungen gehörte. Notwendig ist alles, aber nicht so notwendig, wie man glaubt, wenn man bloß die Ereignisse auf dem physischen Plane verfolgt.

Wenn man anderseits glaubt, man könne die Ursache dadurch finden, daß man immer das unmittelbar Vorangehende als Ursache nimmt, dann könnte ja folgendes passieren. Man sieht, wenn man es von außen anschaut, dieses: Zwei Menschen treffen sich. Nun geht man so zu Werke, wie man es in der Naturforschung ja richtig tun muß. Die zwei Menschen haben sich getroffen. Jetzt studiert man, wo die betreffenden zwei Menschen vorher waren in der Stunde, bevor sie sich getroffen haben, wo sie in einer weiteren Stunde vorher waren, wie sie aufgebrochen sind, um sich zu treffen. Da kann man nun verfolgen, eine gewisse Zeit hindurch, wie eins immer das andere getrieben hat, und wie die zwei Menschen zusammengeführt worden sind. – Ein anderer kümmert sich nicht um diese Dinge, sondern er hat zufällig erfahren, daß sich die beiden Menschen vor fünf Tagen zusammen besprochen haben, daß sie sich treffen werden, und er sagt: Ja, sie treffen sich, weil sie besprochen haben, daß sie sich treffen werden.

Hier haben Sie die Möglichkeit, zu sehen, daß die Ursache durchaus nicht da zu finden sein muß, wo das unmittelbar Vorhergehende ist, und daß, wenn wir das Suchen nach dem Faden der Ursache abreißen vor dem entsprechenden richtigen Gliede, wir überhaupt nicht zu dem entsprechenden rechten Gliede kommen; denn wir können ja die Kette der Ursachen nur immer bis zu einem gewissen Gliede hin verfolgen. Auch in der Natur können wir das nur bis zu einem gewissen Gliede hin. Besonders bei Erscheinungen, in welche die Menschen hineinverflochten sind, können wir das nur bis zu einem gewissen Gliede hin. Wenn wir das aber tun, und dann so vorgehen, daß wir immer das Vorhergehende und wieder das Vorhergehende suchen und glauben, wir werden die Ursache erkennen, dann geben wir uns natürlich einem Irrtum, einer Täuschung hin.

Sie müssen das nur durchdringen mit dem, was Sie bisher aus der Geisteswissenschaft schon haben gewinnen können. Nehmen Sie an, ein Mensch vollzieht irgendeine Handlung auf dem physischen Plane. Also wir sehen ihn diese Handlung vollziehen. Wer nun seine Betrachtungen nur beschränken will auf den physischen Plan, der wird sehen, wie der betreffende Mensch sich vorher verhalten hat. Wenn er dann weitergeht, wird er sehen, wie er erzogen worden ist. Er wird vielleicht auch noch, wie das jetzt Mode ist, die Vererbung ins Auge fassen und so weiter. Aber nehmen wir an, in die Handlung, die sich hier auf dem physischen Plane vollzogen hat, sei eingeflossen etwas, was nur zu finden ist in dem Leben, das der Betreffende in dem Leben zwischen dem letzten Tod und der neuen Geburt durchgemacht hat. Dann bedeutet das, daß wir die Linie der Ursachen eben bei der Geburt abreißen und zu dem gehen, wo etwas Ähnliches vorliegt wie in dem Vergleiche der Verabredung. Denn es kann dasjenige, was ich jetzt ausführe, vorbestimmt sein vor Jahrhunderten in dem Leben, das zwischen dem letzten Tode und der jetzigen Geburt abgelaufen ist. Und dasjenige, was da durchlebt worden ist, das fließt ein in das, was ich jetzt tue und unternehme.

So ist eben die Notwendigkeit, daß wir in gewisser Weise, ohne in die geistigen Welten einzudringen, für die menschlichen Handlungen überhaupt nicht – also überhaupt nicht hier auf dem physischen Plane – die Ursächlichkeit finden können, daß da ein Aufsuchen der Ursachen unter Umständen überhaupt eine ganz verfehlte Sache sein kann, ein Aufsuchen der Ursachen in demselben Sinne, wie man es für die äußeren Naturereignisse tut.

Dennoch, wenn man genauer hinschaut auf die Art und Weise, wie das menschliche Handeln hineinverwoben ist in das Weltengeschehen, dann wird man dennoch zu einer gewissen befriedigenden Anschauung kommen können auch über dasjenige, was man Freiheit nennt, gegenüber dem, daß man sich sagen muß: Notwendigkeit liegt vor. Aber was man Aufsuchen der Ursachen nennt, das ist zunächst vielleicht überhaupt dadurch beschränkt, daß man auf dem physischen Plane gar nicht vordringen kann bis zu demjenigen Gebiet, wo die Verursachung liegt.

Aber nun kommt etwas anderes, was in Betracht zu ziehen ist. Freiheit, Notwendigkeit sind einmal zwei Begriffe, die außerordentlich schwer zu fassen und noch schwerer miteinander zu vereinigen sind. Nicht umsonst ist es, daß die philosophischen Bestrebungen zum großen Teil gerade bei der Freiheits- und Notwendigkeitsfrage gescheitert sind. Es ist dies zum großen Teil aus dem Grunde her gekommen, weil sich die Menschen die Schwierigkeiten der Fragen nicht vor Augen gerückt haben. Deshalb bemühe ich mich so sehr, in diesen Vorträgen gerade die Schwierigkeiten dieser Fragen Ihnen vor Augen zu rücken.

Wenn wir hinsehen auf das menschliche Geschehen, können wir zunächst den Faden der Notwendigkeit überall sehen. Denn auch das wäre ein Vorurteil, wenn man jede einzelne menschliche Handlung als ein Produkt der Freiheit hinstellen wollte. Ich will es wiederum mit einem hypothetischen Beispiel klarmachen. Nehmen wir einmal an, jemand wüchse heran. Dadurch, daß er heranwächst in einer bestimmten Art und Weise, kann man nachweisen, daß alle Bedingungen seines Erlebens sich eben so gestaltet haben, nun, sagen wir, daß er ein Briefträger geworden ist, ein Landbriefträger, der jeden Morgen mit der Post aufs Land hinausgehen und die Briefe abgeben muß. Dann geht er wieder zurück. Am nächsten Morgen geht er wieder hinaus. Ich glaube, Sie werden alle zugeben, daß man eine gewisse Notwendigkeit finden kann in diesen Vorgängen. Wenn man alles dasjenige studiert, was sich zugetragen hat in der Kindheit des betreffenden Menschen, wenn man alle die Ereignisse, die auf sein Leben gewirkt haben, zusammenzieht, so wird man gewiß sehen, wie sich das alles zusammengruppiert hat, um ihn zum Landbriefträger zu machen, und wie dann gerade dadurch, daß die eine Stelle frei war, er mit Notwendigkeit in diese hineingeschoben worden ist. Und dann hört die Freiheit wohl schon auf, denn er kann ja selbstverständlich die Adressen der Briefe, die er bekommt, nicht umändern. Da ist ja durch eine äußere Notwendigkeit gegeben, welche Haustür er auf-, und welche er wieder zumacht. Also da sehen wir schon recht viel Notwendigkeit in dem, was er zu vollbringen hat.

Aber nehmen wir nun an, ein anderer Mensch, vielleicht ein jüngerer, jünger von mir angenommen aus dem Grunde, daß ich jetzt ausführen kann, was ich jetzt auszuführen habe, ohne daß Sie diesem jüngeren Menschen gleich die bittersten Vorwürfe machen über sein Gebaren. Also ein anderer, jüngerer Mensch, der noch so jung ist, daß er nicht deshalb, weil er das tut, gleich ein Faulenzer ist, der faßt die Idee, jeden Morgen mitzugehen und den Landbriefträger auf seinen Wegen zu begleiten. Das führt er auch aus. Er steht ordentlich auf jeden Morgen, schließt sich dem Landbriefträger an, macht alle einzelnen Handlungen mit und geht dann wiederum zurück, macht das eine gewisse Zeit hindurch. Es ist gar kein Zweifel, daß wir bei dem letzteren nicht in demselben Sinne von Notwendigkeit sprechen können wie bei dem ersteren. Denn alles dasjenige, was durch den ersten Menschen geschieht, muß notwendigerweise geschehen. Nichts, was durch den letzteren Menschen geschieht, müßte eigentlich geschehen. Er könnte jeden Tag wegbleiben, könnte man sagen, und es würde genau das Gleiche geschehen in einem gewissen objektiven Zusammenhange drinnen. Es ist ja ganz klar, nicht wahr? So daß wir sagen können: Der erste tut alles aus Notwendigkeit, der letztere tut alles aus Freiheit. Das kann man ganz gut sagen, und dennoch, in einem gewissen Sinne tun sie beide dasselbe. Ja, man könnte sich sogar die folgende Vorstellung bilden. Man könnte sagen, dieser zweite Mensch sieht einmal einen Morgen herankommen, an dem er nicht aufstehen will. Er könnte es ja unterlassen, aber er tut es nun doch, weil er's einmal gewohnt ist. Er tut, was er aus Freiheit tut, mit einer gewissen Notwendigkeit. Wir sehen Freiheit und Notwendigkeit förmlich zusammenfließen.

Wenn man studiert die Art und Weise, wie jener zweite Mensch in uns wohnt, von dem ich Ihnen im öffentlichen Vortrage gesprochen habe, wie das eigentliche Seelische in uns wohnt, das in seiner Qualität durch die Pforte des Todes gehen wird, so ist es im Grunde nicht viel anders, als daß man dieses eigentlich Seelische, das in uns wohnt, vergleichen könnte mit einem Begleiter des äußeren Menschen, der durch die physische Welt geht. Es ist zwar für einen gewöhnlichen materialistischen Monisten etwas ganz Greuliches, wenn man das sagt. Aber solch ein materialistischer Monist, der steht ja doch, wie wir wissen, auf dem Standpunkte, daß er sagt: Ihr seid ganz greuliche Dualisten, wenn ihr glaubt, das Wasser bestehe aus Wasserstoff und Sauerstoff. Man muß alles einheitlich haben. Es ist doch Unsinn, zu sagen, das Monon «Wasser», das bestehe aus Wasserstoff und Sauerstoff! – Nun ja, von diesem Monismus muß man sich nur nicht täuschen lassen. Um was es sich handelt, das ist, daß nun wirklich von zwei Seiten her zueinanderkommt, was wir im Leben sind, und daß wahrhaftig das, was da von zwei Seiten her kommt, zu vergleichen ist mit der Art und Weise, wie Wasserstoff und Sauerstoff im Wasser drinnen sind. Denn was unser äußeres Physisches ist, das strömt in der Vererbungslinie weiter, und strömt nicht bloß mit den physischen Eigenschaften in der Vererbungslinie weiter, sondern es strömt auch mit dem weiter, wie wir sozial hineingestellt sind in die Vererbungslinie. Wir haben ja nicht bloß eine bestimmte Gestalt, Nase, Haarfarbe und so weiter dadurch, daß unser Vater und unsere Mutter diese bestimmte Gestalt hatten, sondern wir sind vorherbestimmte durch die Lebenslage unserer Vorfahren in bezug auf äußere soziale Stellung und so weiter. Also was zum physischen Plane gehört, nicht bloß das Aussehen unseres physischen Leibes, unsere Muskelstärke und dergleichen, sondern alles das, wie wir hineingestellt sind, alles, was zum physischen Plane gehört –, alles das strömt weiter in der Vererbungslinie, strömt von einer Generation zur anderen Generation.

Dazu kommt wirklich nun von einer zweiten Seite her dasjenige, was als unser individuelles Wesen aus der geistigen Welt herkommt und was zunächst nichts zu tun hat mit all den Kräften, die in der Vererbungsströmung und in der Generationenfolge sind, was aus der geistigen Welt herkommt und was Ursachen, die vor Jahrhunderten in uns veranlagt sein können, geistig vereinigt mit den Ursachen, die in der Vererbungs- und Generationen-Strömung liegen. Zwei Wesen kommen zueinander. Und in der Tat ist es so, daß wir die Sache nur richtig beurteilen, wenn wir dieses zweite Wesen, das aus der geistigen Welt herkommt und sich mit dem Physischen vereinigt, wirklich wie eine Art Begleiter des ersten ansehen. Deshalb habe ich das Beispiel gewählt von dem Begleiter, der alles mitmacht. So ist es auch, daß unsere eigentliche Seele die äußeren Ereignisse in einem gewissen Sinne mitmacht.

Der zweite Mensch, der den Landbriefträger begleitet hat, der hat das alles freiwillig getan. Es ist nicht zu leugnen, daß er es freiwillig getan hat. Man könnte ja Ursachen suchen, aber die Ursachen liegen gegenüber der Notwendigkeit, in die der erste Briefträger versetzt ist, auf dem Gebiete der Freiheit. Er hat das alles freiwillig getan. Aber sehen Sie, eines folgt aus dieser Freiheit, ich möchte sagen mit Notwendigkeit. Sie werden nicht leugnen: wenn der zweite Mensch, der den ersten begleitet hat, das durch eine gewisse Zeit hindurch getan hat, so wird er zweifellos ein guter Briefträger geworden sein. Er wird das gut machen können, was der getan hat, den er begleitet hat. Und er wird es sogar besser machen können, weil er gewisse Fehler vermeiden wird. Aber wenn der erste die Fehler nicht gemacht hätte, dann würde er nicht auf diese Fehler gekommen sein. Man kann sich überhaupt gar nicht den Fall denken, daß es nützlich sein sollte für den zweiten, nun nachzudenken über die Fehler des ersten. Wenn man lebendig denkt, so wird man das als eine ganz unnütze Grübelei ansehen, wenn der zweite über die Fehler des ersten nachdenkt und sich damit beschäftigt. Gerade wenn er nicht über die Fehler nachdenkt, sondern lebendig alles mitmacht und nur die ganzen Vorgänge betrachtet, so wird es lebendig in ihn übergehen, und er wird von selber diese Fehler nicht machen.

So ist es aber mit demjenigen, was in uns steckt und uns begleitet. Wenn das sich aufschwingen kann zu der Anschauung, daß notwendig ist, was wir getan haben, daß wir es begleitet haben, und daß wir nunmehr in die Zukunft hinein unser Seelisches tragen, indem es gelernt hat, dann schauen wir die Sache in der richtigen Weise an. Aber gelernt muß es haben in wirklich lebendiger Weise. Man wird sogar innerhalb der Inkarnation das, was hier gemeint ist, richtig feststellen können. Man wird vergleichen können, ich will sagen, drei Menschen. Der erste Mensch, der handelt darauflos. Es kommt ihm in einem gewissen Zeitpunkte seines Lebens der Drang, sich selbst zu erkennen. Da blickt er nun auf dasjenige, was er immer gut gemacht hat. Er ergötzt sich an dem, was er gut gemacht hat. Nun versucht er, die Sache, die er gut gemacht hat immer weiter zu machen. Er wird ja in einer gewissen Weise recht gute Sachen machen, nicht wahr?

Ein anderer, der ist mehr hypochondrisch veranlagt, der sieht mehr auf seine Fehler. Wenn er dann überhaupt hinauskommt über die Hypochondrie, über seine Fehler, wenn er sich erheben kann darüber, so wird er dahin kommen, diese Fehler zu vermeiden. Aber er wird nicht erreichen, was nun ein Dritter erreichen könnte, der sich sagt: Dasjenige, was geschehen ist, war notwendig, aber es ist zu gleicher Zeit die Grundlage eines Lernens. Aber eines Lernens durch Betrachtung, nicht durch eine müßige Kritik, sondern durch Betrachtung. – Er wird jetzt in lebendiger Weise nicht fortsetzen das, was schon geschehen ist, die Vergangenheit in die Zukunft einfach hinübertragen, sondern dasjenige, was der Begleiter war, das wird er gestärkt, gekräftigt, gestählt haben, und er wird es lebendig hinübertragen in die Zukunft. Er wird nicht das wiederholen, was sein Gutes war, und nicht das vermeiden, was sein Schlechtes war, sondern wird durch das Gute und durch das Schlechte, indem er es sich einverleibt hat und indem er es einfach da stehen läßt, so wie es dasteht, es gestärkt und gekräftigt und gestählt haben.

Das wird die allerbeste Kräftigung eben des Seelischen: stehenlassen dasjenige, was da geschehen ist, und es in lebendiger Weise hinübertragen in die Zukunft. Sonst kehrt man immer wiederum in luziferisch-ahrimanischer Weise zu dem Vergangenen zurück. Fortschritt in der Entwicklung ist nur möglich, wenn man das Notwendige in der richtigen Weise anfaßt. Warum? Gibt es denn auf diesem Gebiete hier ein Richtiges? Auch darüber will ich Ihnen zum Schluß jetzt etwas wie einen Vergleich geben, den ich Sie bitte, bis zum nächsten Dienstag ein wenig in Ihrer Seele zu tragen. Wir werden dann, auf diesem Vergleiche fußend, etwas weiter bauen können in unserer Frage.

Denken Sie einmal, Sie wollen einen äußeren Gegenstand sehen. Sie können ihn sehen, diesen äußeren Gegenstand, aber Sie können ihn unmöglich sehen, wenn Sie zwischen diesen Gegenstand und sich einen Spiegel setzen. Aber Sie sehen dann Ihr eigenes Auge. Wollen Sie den Gegenstand sehen, so müssen Sie verzichten, Ihr eigenes Auge zu sehen, und wollen Sie Ihr eigenes Auge sehen, müssen Sie verzichten, den Gegenstand zu sehen. – Nun ist durch eine merkwürdige Verkettung von Wesenheiten in der Welt dies so mit Bezug auf das menschliche Handeln und mit Bezug auf die menschliche Erkenntnis: alles dasjenige, was wir erkennen, erkennen wir in einer gewissen Weise durch einen Spiegel. Erkennen bedeutet immer, daß wir eigentlich in einer gewissen Weise durch eine Spiegelung erkennen.

Wenn wir nun die vergangenen Handlungen, die wir vollzogen haben, anschauen wollen, so schauen wir sie eigentlich immer so an, daß wir im Grunde einen Spiegel zwischen den Handlungen überhaupt und uns selber haben. Wenn wir aber handeln wollen, wenn wir zwischen uns und unserem Handeln, überhaupt zwischen uns und der Welt ein unmittelbares Verhältnis haben wollen, dann dürfen wir uns keinen Spiegel hinhalten. Dann müssen wir absehen von dem Hinblicken auf dasjenige, was uns uns selber im Spiegel zeigt. So ist es mit Bezug auf unsere verflossenen Handlungen. In dem Augenblicke, wo wir sie anschauen, stellen wir uns einen Spiegel vor sie hin, und dann können wir sie ja ganz gewiß erkennen. Wir können nun diesen Spiegel stehenlassen und sie furchtbar genau erkennen. Das wird sicher für gewisse Zwecke sehr gut sein. Aber wenn wir nicht imstande sind, den Spiegel auch wegzutun, so wird uns die ganze Erkenntnis nichts helfen, denn in dem Augenblick, wo wir den Spiegel wegtun, da sehen wir unser Eigenes nicht mehr; erst dann kann es sich aber uns einverleiben, da kann es erst eins mit uns werden.

Und so müssen wir es halten mit der Selbstschau. Wir müssen uns klar darüber sein, daß, solange wir zurückschauen, diese Rückschau nur sein kann die Veranlassung dazu, nun das Erschaute lebendig in uns aufzunehmen. Aber dabei dürfen wir es nicht immer anschauen, denn sonst steht der Spiegel immer da. Mit unserer Selbstschau ist es ganz ähnlich wie mit einer Spiegelschau. Wir kommen nur dadurch weiter im Leben, daß wir dasjenige, was wir durch Selbstschau kennenlernen, auch in unser Wollen aufnehmen.

Wollen Sie bitte diesen Vergleich einmal in Ihre Seelen aufnehmen, diesen Vergleich, der also darinnen liegt, daß man das eigene Auge nur sieht, wenn man verzichtet auf das Sehen eines anderen, und daß, wenn man ein anderes sehen will, man auf das Sehen des eigenen Auges verzichten muß. Wollen Sie diesen Vergleich in sich aufnehmen. Auf Grundlage dieses Vergleiches wollen wir dann von rechter Selbstschau und von unrechter Selbstschau am nächsten Dienstag sprechen und dann der Lösung unserer Fragen immer näher und näher kommen. Es ist bei dieser, ich möchte sagen, schwierigsten Menschheitsfrage, bei der Frage nach Freiheit und Notwendigkeit und der Verkettung der Handlungen der Menschen und des Weltengeschehens, schon notwendig, daß man sich alle Schwierigkeiten vorhält. Und derjenige, der glaubt, in bezug auf diese Frage zu einer Lösung kommen zu können, bevor er alle Schwierigkeiten durchschaut hat, der irrt sich eben eigentlich doch.

Das pädagogische Vortragswerk Rudolf Steiners zwischen 1919 und 1924

1919	Geisteswissenschaftliche Behandlung sozialer und pädagogischer Fragen. 17 Vorträge in Stuttgart, GA 192
1919	Die Erziehungsfrage als soziale Frage. Sechs Vorträge in Dornach, GA 296
1919	Die Ausbildungskurse für die Lehrerschaft der Stuttgarter Freien Waldorfschule (drei Bände): Allgemeine Menschenkunde als Grundlage der Pädagogik. GA 293 Erziehungskunst. Methodisch-Didaktisches. GA 294 Seminarbesprechungen und Lehrplanvorträge. GA 295
1920	Meditativ erarbeitete Menschenkunde. Vier Vorträge in GA 302a
1921	Menschenerkenntnis und Unterrichtsgestaltung. Acht Vorträge. GA 302
1922	Erziehungsfragen im Reifealter. Zwei Vorträge in GA 302a
1923	Anregungen zur innerlichen Durchdringung des Lehr- und Erzieherberufes. Drei Vorträge, in GA 302a
1919–1924	Konferenzen mit den Lehrern der Freien Waldorfschule Stuttgart 1919–24 (drei Bände) GA 300a, b, c
1919–1924	Ansprachen an die Eltern und bei Monatsfeiern. (Rudolf Steiner in der Waldorfschule) GA 298

Öffentliche Vortragsreihen

1920	Die Erneuerung der pädagogisch-didaktischen Kunst durch Geisteswissenschaft. Vierzehn Vorträge in Basel, GA 301
1921	Die gesunde Entwicklung des Leiblich-Physischen als Grundlage der freien Entfaltung des Seelisch-Geistigen. 16 Vorträge in Dornach, GA 303
1922	Die geistig-seelischen Grundkräfte der Erziehungskunst. Zwölf Vorträge in Oxford/England, GA 305

1923 Die pädagogische Praxis vom Gesichtspunkte geisteswissenschaftlicher Menschenerkenntnis. Acht Vorträge für Schweizer Lehrer in Dornach, GA 306

Gegenwärtiges Geistesleben und Erziehung. Vierzehn Vorträge in Ilkley/England, GA 307

1924 Die Methodik des Lehrens und die Lebensbedingungen des Erziehens. Fünf Vorträge in Stuttgart, GA 308

Anthroposophische Pädagogik und ihre Voraussetzungen. Fünf Vorträge in Bern, GA 309

Der pädagogische Wert der Menschenerkenntnis und der Kulturwert der Pädagogik. Zehn Vorträge in Arnheim/Holland, GA 310

Die Kunst des Erziehens aus dem Erfassen der Menschenwesenheit. Sieben Vorträge in Torquay/England, GA 311

Außerdem eine Reihe von Einzelvorträgen in verschiedenen Städten, zusammengefaßt in:

Erziehungs- und Unterrichtsmethoden auf anthroposophischer Grundlage. GA 304

Anthroposophische Menschenkunde und Pädagogik. GA 304a

Ferner: Die Erkenntnisaufgabe der Jugend. Ansprachen und Fragenbeantwortungen, Aufsätze und Berichte aus den Jahren 1920 bis 1924 in Ergänzung zum «Pädagogischen Jugendkurs» von 1922. GA 217a

Literaturnachweis

Hiebel, Friedrich: Rudolf Steiner im Geistesgang des Abendlandes, Basel [2]1975

Husemann, Gisbert, und Tautz, Johannes (Hrsg.): Der Lehrerkreis um Rudolf Steiner, Stuttgart 1919–1924. Stuttgart [2]1979

Koop, Ute: Die Pädagogik der Waldorfschule. Diss. Hamburg 1958

Lauer, Hans Erhard: Die zwölf Sinne des Menschen, Schaffhausen [2]1978

Oppolzer, Siegfried: Anthropologie und Pädagogik bei Rudolf Steiner. Diss. Münster 1959

Remplein, Heinz: Die seelische Entwicklung des Menschen im Kindes- und Jugendalter. München 1971

Rittersbacher, Karl: Zur Beurteilung der Pädagogik Rudolf Steiners, Basel 1969
Rittersbacher, Karl: Wirkungen der Schule im Lebenslauf, Basel 1975
Rittersbacher, Karl: Die Notwendigkeit eines neuen Lehrer- und Erzieherbewußtseins, Freiburg 1981
Steiner, Rudolf: Wahrheit und Wissenschaft (GA 3)
–: Die Philosophie der Freiheit (GA 4)
–: Theosophie (GA 9)
–: Wie erlangt man Erkenntnisse der höheren Welten? (GA 10)
–: Die Geheimwissenschaft im Umriß (GA 13)
–: Ein Weg zur Selbsterkenntnis des Menschen (GA 16)
–: Die Schwelle der geistigen Welt (GA 17)
–: Von Seelenrätseln (GA 21)
–: Die Kernpunkte der sozialen Frage (GA 23)
–: Memoranden 1917, in «Aufsätze über die Dreigliederung des sozialen Organismus und zur Zeitlage» (GA 24)
–: Mein Lebensgang (GA 28)
–: Methodische Grundlagen der Anthroposophie (GA 30)
–: Gesammelte Aufsätze zur Kultur- und Zeitgeschichte (GA 31)
–: Die Erziehung des Kindes vom Gesichtspunkte der Geisteswissenschaft (in GA 34)
–: Offenbarungen des Karma (GA 120)
–: Okkulte Geschichte (GA 126)
–: Das Karma des Berufes in Anknüpfung an Goethes Leben (GA 172)
–: Die spirituellen Hintergründe der äußeren Welt (GA 177)
–: Der Sturz der Geister der Finsternis (GA 177)
–: Erdensterben und Weltenleben (GA 181)
–: Wege der Übung. Thementaschenbuch, Bd. 1, hrsg. von Stefan Leber, Stuttgart 1980
Vogel, Lothar: Der dreigliedrige Mensch, Dornach ²1978
Wachsmuth, Günther: Rudolf Steiners Erdenleben und Wirken, Dornach ³1964
Waeger, Johann: Rudolf Steiner und die moderne Wissenschaft des Geistes, Dornach 1982
Ausführliche Bibliographie zur Waldorfpädagogik bei Johannes Kiersch: Die Waldorfpädagogik. Eine Einführung in die Pädagogik Rudolf Steiners. Stuttgart ⁶1984

Quellennachweis

Vorträge nach der Rudolf-Steiner-Gesamtausgabe (GA), erschienen im Rudolf-Steiner-Verlag, Dornach / Schweiz.

Die Erziehung des Kindes vom Standpunkt der Geisteswissenschaft. Köln, 1. 12. 1906; in «Die Erkenntnis des Übersinnlichen in unserer Zeit» (GA 55).

Das Geheimnis der menschlichen Temperamente. Nürnberg, 15. 12. 1908; in «Die Menschenschule», 1/1952.

Mann, Weib und Kind im Lichte der Geisteswissenschaft. Berlin, 9. 1. 1908; in «Die Erkenntnis der Seele und des Geistes» (GA 56).

Der menschliche Charakter. Berlin, 29. 10. 1909; in «Beiträge zur Rudolf Steiner Gesamtausgabe», Nr. 81, Dornach 1983

Anlage, Begabung und Erziehung des Menschen. Berlin, 12. 1. 1911; in «Antworten der Geisteswissenschaft auf die großen Fragen des Daseins» (GA 60).

Die Arbeit des Ich am Kinde. Ein Beitrag zum Verständnis der Christus-Wesenheit. Zürich, 25. 2. 1911; in «Die Mission der neuen Geistesoffenbarung» (GA 127).

Das Ich-Gefühl im dritten und neunten Lebensjahr und das Eingreifen geistiger Weltmächte in den Lebenslauf. Augsburg, 14. 3. 1913; in «Die Welt des Geistes und ihr Hineinragen in das physische Dasein» (GA 150).

Das Leben zwischen Geburt und Tod als Spiegelung des Lebens zwischen Tod und neuer Geburt. Dornach, 2. 2. 1915; in «Wege der geistigen Erkenntnis und der Erneuerung künstlerischer Weltanschauung» (GA 161).

Notwendigkeit und Freiheit im Handeln. Berlin, 30. 1. 1916; in «Notwendigkeit und Freiheit im Weltengeschehen und im menschlichen Handeln» (GA 166).